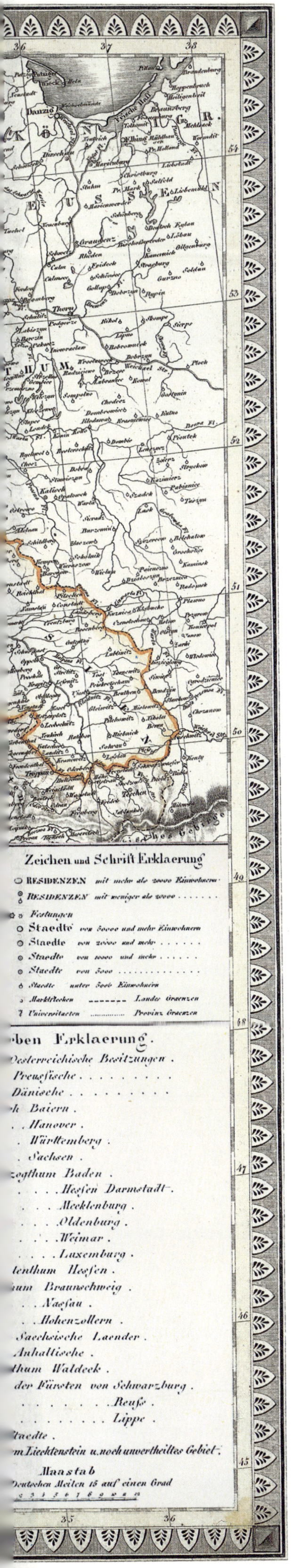

DEUTSCHES REICH

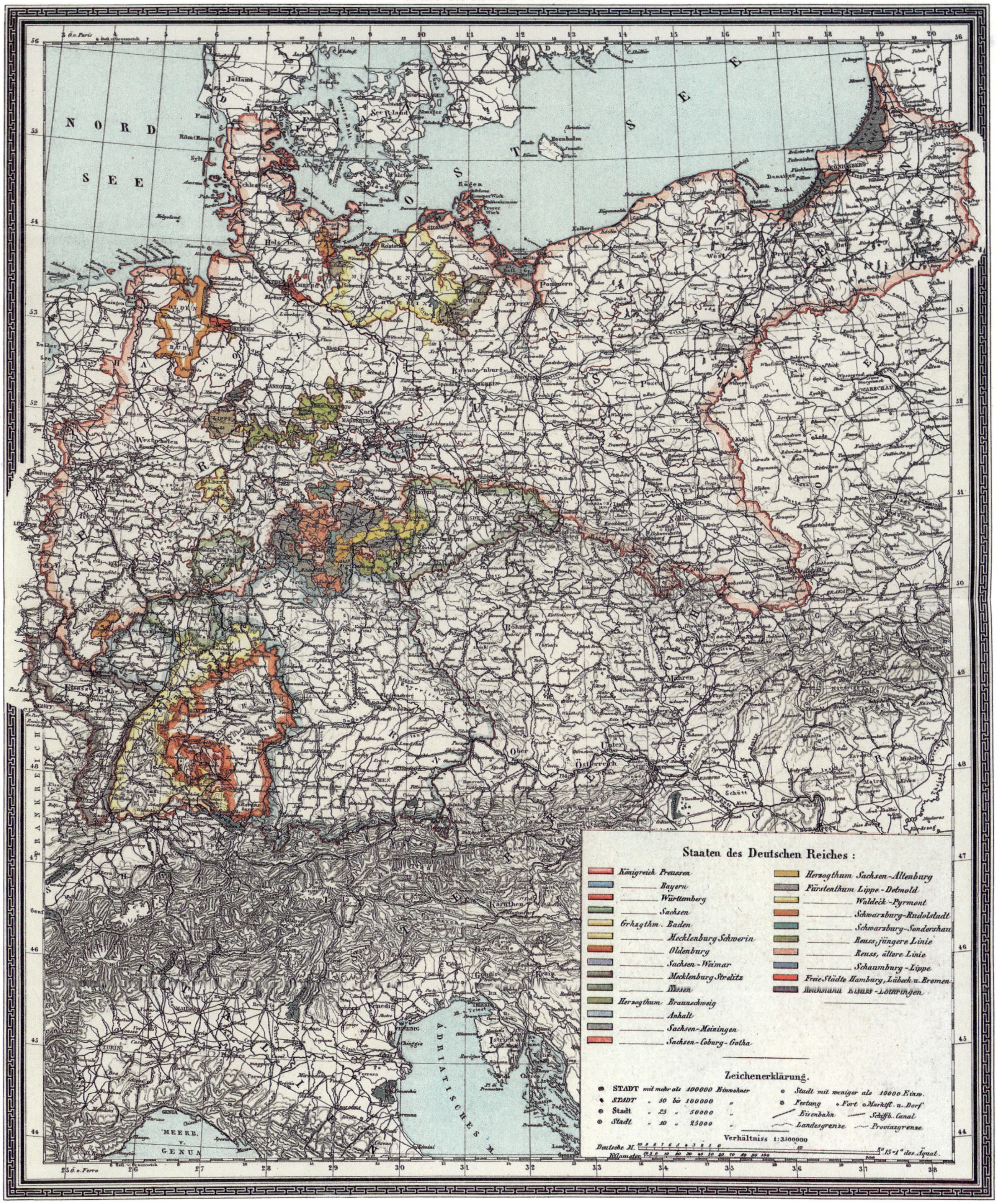

1 Otto von Bismarck. Rötelzeichnung auf Ingrespapier, weiß gehöht, von Franz von Lenbach (1881). Köln, Privatbesitz

Lothar Gall · Karl-Heinz Jürgens

BISMARCK
Lebensbilder

Gustav Lübbe Verlag

2 Blick von der Kirche auf Schönhausen

2

ERSTES KAPITEL

AUF DER SUCHE NACH EINER EXISTENZ

SEITE 13

3 Schloß Babelsberg bei Potsdam. Farblithographie von Carl Graeb (um 1860).
Potsdam, Staatliche Schlösser und Gärten Potsdam-Sanssouci

ZWEITES KAPITEL

DER AUFSTIEG ZUR MACHT

SEITE 49

4 Moltke mit seinem Stabe vor Paris. Gemälde von Anton von Werner (1873). Kiel, Kunsthalle

4

DRITTES KAPITEL

»LIEBER REVOLUTION MACHEN
ALS ERLEIDEN«

SEITE 93

5 Das Eisenwalzwerk (Moderne Cyklopen). Gemälde von Adolph von Menzel (1872/75). Berlin, Staatliche Museen zu Berlin, Nationalgalerie 5

VIERTES KAPITEL

DER ZAUBERLEHRLING

SEITE 157

6 Blick auf Friedrichsruh. Gemälde von Valentin Ruths (1879). 6
Friedrichsruh, Bismarck-Museum

FÜNFTES KAPITEL

THE ENDING IS DESPAIR

SEITE 209

ZEITTAFEL

SEITE 222

7

7 Otto von Bismarck als Student.
Porzellanbild von Philipp Petri (1833).
Friedrichsruh, Schloß

ERSTES KAPITEL

AUF DER SUCHE NACH EINER EXISTENZ

Mit den Lebensantrieben, mit den Interessen und Leidenschaften sei es wie mit Forellen in einem Teich: »Eine frißt die andere auf, bis nur mehr eine dicke alte Forelle übrigbleibt. Bei mir hat im Laufe der Zeit die Leidenschaft zur Politik alle anderen Leidenschaften aufgefressen.«

Es war nicht nur die Melancholie des Abschieds, der neuen Lebenssituation, die dem fünfundsiebzigjährigen Otto von Bismarck im Juni 1890 diesen Satz diktierte. Wenige Monate zuvor, im März 1890, von dem jungen Kaiser, von Wilhelm II., aus den Ämtern des deutschen Reichskanzlers und des preußischen Ministerpräsidenten entlassen, die er ein ganzes Menschenalter hindurch innegehabt hatte, war es zugleich eine Art Lebensbilanz. Sie fiel bei allem Glanz der äußeren Erfolge im Persönlichen durchaus zwiespältig aus.

Stets hatte Bismarck das moderne »Berufsmenschentum« verachtet, wie es Max Weber nennen sollte, hatte er kein »Bürger« im sozialen Sinne sein wollen mit der verengenden Hingabe an den Beruf, an das Geschäft, an den einen Aufgabenkreis. Mütterlicherseits Sohn einer Beamtenfamilie, der Mencken, hatte er von früh auf für seine väterlichen Ahnen optiert, für die Existenz eines freien Landedelmanns, der sich nicht einschnüren, nicht in Dienst nehmen, nicht aufs Rad binden lassen wollte, der die Freiheit der individuellen Lebensgestaltung allem anderen vorzog, stolz war auf seine Unabhängigkeit, auf die Ungebundenheit seines Daseins. Und die Wirklichkeit? »Inserviendo consumor« – ich habe mich im Dienen verbraucht, so hat er es im letzten Jahrzehnt seiner Amtszeit immer wieder formuliert.

In beidem, in dem Anspruch wie in der Wirklichkeit, der Realität des tatsächlich gelebten Lebens, war Bismarck viel mehr ein Kind seines, des 19. Jahrhunderts, als er in seiner Verachtung für das Bürgertum, für die gleichmachende Moderne, für den falschen Idealismus und die Enge ihrer Lebenspraxis meinte. Daß er sein Jahrhundert nicht liebte, daß er von ganz anderen Existenzformen träumte, teilte er mit vielen gerade auch aus dem Bürgertum, aus der Bildungsschicht. Und wie er ihre geistige Lebenswelt, vor allem über die Literatur, aber doch auch über die Musik und die bildende Kunst in seiner Jugend in sich aufgenommen hatte, so waren ihm auch ihre Fluchtwege nicht unvertraut. Richard Wagner hat er nie wirklich zur Kenntnis genommen, aber fremd war ihm, was in Wagners Werk seinen Ausdruck fand, keineswegs.

Solche Nähe hat er freilich von früh auf nachdrücklich abgelehnt und geleugnet. Trotzig hat er sich, so sehr er ihn in seinen konkreten Erscheinungsformen vielfach verachtete, zu dem Typus des preußischen Junkers bekannt – bis hin zu dessen Grob- und Derbheiten, seinem Mißtrauen gegenüber Bürokratie und städtischer Lebenswelt, seiner Liebe zur Natur und zum Natürlichen, seinem angeblich ungebrochenen Verhältnis zur Tradition. Er wollte, um es in den Namen seiner väterlichen und mütterlichen Familie zu sagen, ein Bismarck und kein Mencken sein, und verkörperte und empfand gerade dadurch die Brüche und Spannungen seines Jahrhunderts, seine Probleme und Konflikte besonders nachdrücklich. Sein vielgerühmter, nicht selten gnadenloser Realismus war, wie so oft, nicht das Ergebnis der Schlichtheit und Geradlinigkeit, sondern der Kompliziertheit, der Verwerfungen und unaufgelösten Widersprüche der eigenen Existenz.

Die Mencken, das war eine vor allem in Leipzig und Helmstedt wirkende Gelehrtenfamilie, aus deren Reihen Anastasius Ludwig Mencken, Kabinettssekretär für auswärtige Angelegenheiten und dann Kabinettsrat unter Friedrich dem Großen, Friedrich Wilhelm II. und Friedrich Wilhelm III., hervorging, der Großvater Bismarcks. Ein typischer »Staatsdiener« des Ancien régime, aufgeklärt und wohlmeinend, aber eingeschnürt in die Hierarchie eines zu grundlegenderen Reformen nicht fähigen politischen Systems, teilte er, verheiratet mit der Witwe des Direktors der Königlichen Tabakfabrik in Potsdam, die Kritik eines großen Teils seiner Amts- und Standesgenossen an dem preußischen Landadel. Ihn machte er in erster Linie verantwortlich für die Reformunfähigkeit des Landes, deren Folgen im Zuge der Auseinandersetzung mit dem napoleonischen Frankreich dann so deutlich zutage treten sollten. Auch seine einzige Tochter Wilhelmine war, in der Hauptstadt groß geworden, ganz in dieser Einschätzung aufgewachsen und ließ ihren späteren Mann, Ferdinand von Bismarck, niemals darüber im

Zweifel, daß er und seine Lebenswelt in ihren Augen Relikte der Vergangenheit seien – auch wenn auf der anderen Seite die Einheirat in den Adel dem eigenen Selbstbewußtsein durchaus schmeichelte, das in sozialer Hinsicht in einem Land wie Preußen mit seiner ganz schmalen, wenig einflußreichen bürgerlichen Schicht noch recht ungefestigt war.

Ihre Söhne, der 1810 geborene Bernhard, und Otto, der am 1. April 1815 auf dem väterlichen Gut Schönhausen bei Magdeburg zur Welt kam, sollten jedenfalls in eine andere Welt hineinwachsen. Sie sollten das Gymnasium und die Universität besuchen, also den Bildungsweg beschreiten, wie er inzwischen, seit den großen inneren Reformen im Anschluß an die verheerende Niederlage Preußens gegen das napoleonische Frankreich im Jahre 1806, für einen Staatsdiener, für einen Beamten im höheren Dienst obligatorisch war. Und hohe Beamten, Diplomaten, schließlich vielleicht sogar Minister, das sollten die Söhne werden, nicht in ihrem Lebensstil, in ihrer Bildung, in ihrem Benehmen gelegentlich kaum von ihren Bauern zu unterscheidende Landjunker.

So kam der junge Otto schon im Alter von sechs Jahren in ein Berliner Internat, in die sogenannte Plamannsche Lehranstalt. Gegründet im unmittelbaren Vorfeld der preußischen Reformen aus dem Geist des großen Schweizer Pädagogen und Sozialreformers Johann Heinrich Pestalozzi – Karl Friedrich Friesen, der nachmalige Führer des Lützowschen Freikorps, hatte dort gelehrt und der »Turnvater« Jahn –, wurde sie vor allem von den Söhnen hoher preußischer Beamter besucht und ganz von diesem sozialen Milieu bestimmt. Zeit seines Lebens hat Bismarck mit Abscheu auf die fünf Jahre zurückgeblickt, die er dort verbringen mußte. Es habe dort ein »künstliches Spartanertum« geherrscht, »viel Zwang und Methode und widernatürliche Dressur«. Die Lehrer seien »demagogische Turner« gewesen, »welche den Adel haßten«: »Meine Kindheit hat man mir in der Plamannschen Anstalt verdorben, die mir wie ein Zuchthaus vorkam. Wenn ich aus dem Fenster ein Gespann Ochsen die Ackerfurche ziehen sah, mußte ich immer weinen vor Sehnsucht nach Kniephof.«

Kniephof – das war eines der drei nahe beieinander liegenden kleinen pommerschen Güter, die der Vater 1815 von der Witwe eines Vetters erworben hatte; im Frühjahr 1816 war die Familie dorthin übergesiedelt. Kniephof war aber zugleich auch von früh auf das Stichwort für die Geborgenheit des Landlebens, der väterlichen Welt, aus der ihn die Mutter vertrieben hatte. Was damit umschrieben war, steigerte sich schon bald zum Inbegriff dessen, was es an Ordnung, an Herkommen, an Werten gegenüber den Kräften der Veränderung, des politischen, des wirtschaftlichen, des sozialen Wandels zu erhalten gelte, wie sie sich für ihn in der Stadt, im modernen Staat und seiner Bürokratie und im Bürgertum verkörperten.

Beides war für ihn ganz direkt, unmittelbar anschaulich und hochemotional besetzt durch die Gestalt des Vaters und der Mutter, die ihn nicht nur aus dem heimatlichen Paradies vertrieben hatte, sondern ihm durch ihre Badereisen über Jahre die Heimkehr in den großen Ferien unmöglich machte. »Meine Mutter war eine schöne Frau, die äußere Pracht liebte«, so hat Bismarck sie in einem Brief an seine spätere Frau 1847, im Alter von einunddreißig Jahren, beschrieben, »von hellem lebhaftem Verstande, aber wenig von dem, was der Berliner Gemüt nennt. Sie wollte, daß ich viel lernen und viel werden sollte, und es schien mir oft, daß sie hart, kalt gegen mich sei. Als kleines Kind haßte ich sie, später hinterging ich sie mit Falschheit und Erfolg.«

Diesen letzten Satz haben die Herausgeber seines Briefwechsels lange Zeit unterdrückt. Er widersprach offenbar ihrem Bild vom großen, auch im Persönlichen vorbildlichen Mann. Dabei ging er über das Private, allein mit dessen Maßstäben zu Messende weit hinaus.

»Meinen Vater liebte ich wirklich«, heißt es in demselben Brief wenige Zeilen später. Beides bezeichnete stark emotional besetzte Optionen, Grundentscheidungen über Lebensgestaltung und Lebensziele, die mit dem politischen Einfluß, den er schließlich erlangte, von weitreichender, alles bloß Private und Persönliche sprengender Bedeutung wurden.

Zunächst allerdings verlief sein Leben unter dem dominierenden Einfluß der Mutter ganz gegen diese

Grundentscheidungen. Im Herbst 1827 wechselte Bismarck von der Plamannschen Anstalt auf das Friedrich-Wilhelm-Gymnasium und dann, 1830, bis zum Abitur im April 1832, im Alter von eben siebzehn Jahren, an das berühmte »Graue Kloster« in Berlin, ein Gymnasium, das seit dem 16. Jahrhundert eine Pflanzschule der Gelehrten- und Beamtenelite des preußischen Staates bildete. Es folgte, mittlerweile unerläßliche Etappe auf dem Wege in eine höhere Beamtenlaufbahn, das Jurastudium, erst in Göttingen, dann in Berlin, den beiden damals führenden Hochschulen Norddeutschlands.

Hier wie schon in der Schule kam der »Junker«, als der er sich sehr bewußt und prononciert gab, ohne größere Anstände durch, zuletzt mit Hilfe des für die meisten unerläßlichen Repetitors. Begleitet von einem riesigen Hund, stets zu den üblichen Reibereien mit Pedellen und städtischen »Philistern« aufgelegt, mehr auf den Paukböden und in seiner Landsmannschaft Hannovera als in den Hörsälen zu Hause, war er vor allem in Göttingen rasch zu einer stadtbekannten Figur geworden. Ausgefüllt aber hatte ihn das alles nicht. Es häuften sich im Gegenteil schon hier die Klagen über seine richtungs- und ziellose Existenz, die die nächsten anderthalb Jahrzehnte seines Daseins durchziehen sollten.

Die Lebensperspektive der überwiegenden Mehrheit seiner Studienkollegen erschien ihm banal: sich emporzudienen, sich sein ganzes Leben im Amt zu quälen, das könne doch nicht der Lebensinhalt sein, klagte er der Mutter kurz vor deren Tod. »Otto hat während seines Hierseins der Mutter sein ganzes Herz aufgeschlossen«, so der Vater über das Gespräch im Sommer 1838 an den ältesten Sohn Bernhard. »Ihr nicht allein gesagt, welchen Ekel er für die ganze Beschäftigung bei der Regierung hätte, daß er dadurch seines Lebens ganz überdrüssig wäre, und wenn er sich fast sein ganzes Leben gequält hätte, dann würde er vielleicht zuletzt Präsident mit zweitausend Taler Einkommen, von Lebensglück wäre aber nie etwas zu hoffen.« Auf der anderen Seite ahnte Bismarck natürlich, daß ihn letztlich auch das »adlige Landleben« von einer so schmalen materiellen Basis aus, wie sie die väterlichen Güter boten, nicht wirklich befriedigen und ausfüllen würde. »Mein Leben ist wirklich etwas kläglich, bei Lichte besehen«, schrieb er Mitte 1835, nun schon in Berlin, an einen Freund. »Am Tage treibe ich Studien, die mich nicht ansprechen, abends affektiere ich in den Gesellschaften des Hofes und der Beamten ein Vergnügen, welches ich nicht Schulenburg genug bin zu empfinden oder zu suchen. Ich glaube schwerlich, daß mich die vollkommenste Erreichung des erstrebten Zieles, der längste Titel und der breiteste Orden in Deutschland, die staunenswerteste Vornehmheit, entschädigen wird für die körperlich und geistig eingeschrumpfte Brust, welche das Resultat dieses Lebens sein wird. Öfters regt sich noch der Wunsch, die Feder mit dem Pflug und die Mappe mit der Jagdtasche zu vertauschen; doch das bleibt mir ja immer noch übrig.«

»Das bleibt mir ja immer noch übrig« – ein Idealziel war hier nicht formuliert. Aber Bismarck hielt es in schroffer, ja sich eher noch steigernder Opposition gegen die Pläne und Erwartungen seiner Mutter nach wie vor hoch. Und die Alternative, die damit beschworen wurde, gewann in den folgenden Jahren zunehmend an Attraktivität. Denn seine Laufbahn als Jurist und angehender Verwaltungsbeamter verlief alles andere als erfolgreich. Sein Vorbereitungsjahr als »Auskultator« am Berliner Stadtgericht hatte ihn tödlich gelangweilt, und als er im Juni 1836, der üblichen Praxis entsprechend, als Regierungsreferendar an das Regierungspräsidium in Aachen versetzt und auch hier, in einer ihm ganz fremden, vom rheinischen Stadtbürgertum bestimmten Atmosphäre, mit weitgehend untergeordneten Tätigkeiten beschäftigt wurde, geriet er schon bald in eine tiefe, in ihren Konsequenzen lebensverändernde Krise.

Alle Ablenkungen, wie sie ein Badeort mit internationalem, vor allem englischem Publikum bot, vermochten das immer beherrschender werdende Gefühl nicht zu vertreiben, daß sein Leben weder Sinn noch Perspektive gewann. Selbstzweifel und die Vorstellung, jedem in seiner Umwelt letztlich überlegen zu sein, wechselten einander in rascher Folge ab. Es war schließlich nur noch eine Frage der Zeit, wann er in irgendeine Richtung ausbrechen und alles hinwerfen würde.

Es wurde die klassische Eskapade, wie sie gerade in der Epoche seiner Jugend, dem Zeitalter der Romantik, hundertfach beschrieben worden war. »Einer jungen Britin von blondem Haar und seltener Schönheit, die bis dato noch kein Wort Deutsch versteht«, reiste er Anfang Juli 1837 Hals über Kopf nach Wiesbaden nach, »verlobte« sich dort mit ihr und fuhr dann mit seiner »Familie«, mittlerweile längst ohne Urlaub und mit gewaltigen Spielschulden im Gepäck, die er in Wiesbaden ganz nebenbei in wenigen Tagen aufgehäuft hatte – in Höhe des Jahreseinkommens eines preußischen Gesandten –, kreuz und quer durch Deutschland, ohne festes Ziel und mit rasch wechselnden Plänen für die nähere und fernere Zukunft. Aus ihnen wurde ebensowenig etwas wie aus der Heirat mit jener »jungen Britin«, der Tochter eines englischen Pfarrers namens Isabella Loraine-Smith. Anfang Dezember berichtete er Karl Friedrich von Savigny, dem Sohn des großen Juristen, der sich mit ihm in Aachen auf den diplomatischen Dienst vorbereitete und seine Eskapade gegenüber der Behörde abschirmte, so gut es eben ging, daß die »projectierte Verbindung ... ganz und unwiderruflich abgebrochen« sei, »so daß mir davon nichts als die Erinnerung an vier sehr glückliche Honig-Monate nebst einem sehr bedeutenden aes alienum [seinen Wiesbadener Spielverlusten] geblieben ist«. Die »Prise« sei ihm, so hat er später lachend bemerkt, »von einem einarmigen Obristen mit 50 Jahren, 4 Pferden und 15 000rl Revenuen wieder abgejagt« worden.

So war er, »arm am Beutel, krank am Herzen«, im Spätherbst 1837 wieder in Pommern auf dem väterlichen Gut Kniephof. Hier erreichte ihn in Reaktion auf ein entsprechendes Versetzungs-, besser gesagt Wiederaufnahmegesuch ein höchst ironischer Brief seines Aachener Vorgesetzten, des damals erst dreiunddreißigjährigen Regierungspräsidenten und späteren preußischen Innenministers Graf Arnim-Boitzenburg, der zeigte, was man inzwischen innerhalb der Verwaltung von dem jungen Mann hielt. Er freue sich über seinen Entschluß, so Arnim, »zu einer der Kgl. Regierungen in den altpreußischen Provinzen überzugehen, um zu einer angestrengteren Tätigkeit in den Amtsgeschäften zurückzukehren, nach welcher Sie bei den gesellschaftlichen Verhältnissen in Aachen vergeblich strebten«.

Arnim wird wenig überrascht gewesen sein, daß auch aus dem zweiten Anlauf nichts wurde. Zwar begann Bismarck seinen Dienst beim Potsdamer Regierungspräsidium, entschloß sich jedoch schon wenig später, erst einmal sein Militärdienstjahr als Einjährig-Freiwilliger bei den Gardejägern abzuleisten. Auf das übliche Angebot des Oberpräsidenten, seine Ausbildung während seiner freien Tage in Potsdam fortzusetzen, ist er nicht eingegangen, ja, er hat nicht einmal darauf geantwortet. Vielmehr ließ er sich im Herbst 1838 zum zweiten Jägerbataillon nach Greifswald versetzen, um von hier aus gleichzeitig Kurse an der 1815 ins Leben gerufenen »landwirtschaftlichen Akademie« in Eldena zu besuchen.

Sein Entschluß war nun endgültig gefaßt: Er wollte »Landjunker« werden. Die Krankheit und der frühe Tod der Mutter Anfang 1839 haben schließlich das letzte Hindernis auf diesem Weg in die Welt seiner Väter beseitigt. Gemeinsam mit seinem älteren Bruder Bernhard übernahm er die drei kleinen väterlichen Güter Külz, Jarchelin und Kniephof in Pommern und machte sich daran, ihren Ertrag mit Hilfe moderner Methoden und Techniken, wie er sie in Eldena kennengelernt hatte und aus Büchern weiterhin zusammentrug, zu verbessern – mit großer Energie und durchaus erfolgreich.

Viel an sozialem Rang und Prestige war mit der Stellung eines solchen kleinen Gutsbesitzers in Hinterpommern nicht verbunden. Im Gegenteil. Bismarck selber hatte vier Jahre vorher, in Berliner Studententagen, einmal eine Karikatur des preußischen Landjunkers gezeichnet, wie sie in jener Zeit durchaus gängig war. »Ich werde daher wohl das Portefeuille des Auswärtigen ausschlagen, mich einige Jahre mit der rekrutendressierenden Fuchtelklinge amüsieren, dann ein Weib nehmen, Kinder zeugen, das Land bauen und die Sitten meiner Bauern durch unmäßige Branntweinfabrikation untergraben. Wenn Du also in zehn Jahren einmal in die hiesige Gegend« – sprich nach Kniephof, wo der Brief verfaßt wurde – »kommen solltest, so biete ich Dir an, adulterium mit einer jungen mulier facilis et formosa zu treiben, so viel Kartoffelschnaps zu trinken, als Du willst, und auf der Hetzjagd den Hals zu brechen, sooft es Dir gut scheint. Du wirst hier einen fettgemästeten Landwehroffizier finden, einen Schnurrbart, der schwört und flucht, daß die Erde zittert, einen gerechten Abscheu vor Juden und Franzosen hegt und Hunde und Bediente auf das Brutalste prügelt, wenn er von seiner Frau tyrannisiert worden. Ich werde lederne Hosen tragen, mich zum Wollmarkt in Stettin auslachen lassen, und wenn man mich Herr Baron nennt, werde ich gutmütig den Schnurrbart streichen und um zwei Taler wohlfeiler verkaufen; zu Königs Geburtstag werde ich mich besaufen und vivat schreien, übrigens mich häufig anreißen und mein drittes Wort wird sein: Auf Aehre! superbes Pferd! Kurz, ich werde glücklich sein im ländlichen Kreise meiner Familie; car tel est mon plaisir.«

Das war von Erfahrung geprägt, und Bismarck hat, wie viele Äußerungen zeigen, diese Erfahrung während seiner pommerschen Zeit oft bestätigt erhalten. »Mein Umgang besteht in Hunden, Pferden und Landjunkern«, höhnte er einmal, »und bei Letzteren erfreue ich mich einigen Ansehens, weil ich Geschriebenes mit Leichtigkeit lesen kann, mich zu jeder Zeit wie ein Mensch kleide, und dabei ein Stück Wild mit der Accuratesse eines Metzgers zerwirke, ruhig und dreist reite, ganz schwere Zigarren rauche und meine Gäste mit freundlicher Kaltblütigkeit unter den Tisch trinke.« Oder bei anderer Gelegenheit: »Fragt man einen, wie es ihm geht, so sagt er: ›Ganz gut, nur habe ich leider im Winter stark die Räude gehabt.‹«

Kein Wunder, daß sein Entschluß im Kreise der Familie – zumal nach dem, was die Mutter von ihren Plänen mit ihrem Jüngsten hatte verlauten lassen – von vielen sehr skeptisch betrachtet wurde. Es entsprach Bismarcks ganzer Art, daß er darauf nicht etwa defensiv und mit pragmatischen Argumenten, um Verständnis werbend, reagierte, sondern aggressiv, ja, hochfahrend. »Daß für mich die Notwendigkeit, ein Landjunker zu werden, nicht vorhanden war, ist auch meine Meinung«, schrieb er damals an eine Cousine. Aber »Administrativ-Beamter« zu werden, sei für einen Mann wie ihn noch weniger denkbar gewesen: »Der preußische Beamte gleicht dem einzelnen im Orchester; mag er die erste Violine oder den Triangel spielen: ohne Übersicht und Einfluß auf das Ganze, muß er sein Bruchstück abspielen, wie es ihm gesetzt ist, er mag es für gut oder schlecht halten. Ich will aber«, fuhr der Dreiundzwanzigjährige fort, »Musik machen, wie ich sie für gut erkenne, oder gar keine.«

Graf Arnim hätte gelacht, Bismarcks biographische Ruhmredner sahen in einem solchen Satz schon früh die Klaue des jungen Löwen. Die Wahrheit ist wohl, daß er die Argumente der kritischen Stimmen in der Familie nur zu gut verstand, daß er ahnte, daß diese Art der Rückkehr in die Welt der Väter für einen Mann seines Zuschnittes und Schlages – und seines Ehrgeizes – sich schon bald als eine Sackgasse erweisen würde. Er gab vor, seine Existenzform, die ihm gemäße Art des Daseins gefunden zu haben, und war doch mehr als je zuvor auf der Suche.

Suche und Flucht gingen dabei in vielfältiger Weise ineinander über, und die Wege, die sich in diesem Zusammenhang anboten, besaßen alle eine lange Tradition. Die Religion gehörte seit jeher zu ihnen, auch die Beschäftigung mit Philosophie, mit Kunst, mit Literatur. Der Rückzug in die Einsamkeit zählte ebenso zu ihnen wie das Aufgehen in der jeweiligen Gesellschaft und das Streben nach menschlichen Bindungen der unterschiedlichsten Art, schließlich auch der bloße, epikureisch überhöhte oder sein Ziel in sich selbst sehende Daseinsgenuß.

Bismarck ist diese Wege in seinen Jahren auf Kniephof alle gegangen, mit einer manche faszinierenden, die meisten erschreckenden Radikalität und überschäumenden Lebensenergie. Der »tolle Bismarck« hieß er schon bald in der Gegend wegen seiner Amouren, seiner Gelage, seiner nächtlichen Ritte und Eskapaden, aber auch wegen seiner Neigung, plötzlich ein ganz anderer zu sein, sich nächtelang in Büchern zu vergraben, sich der Schwermut eines Byron, der sehnsüchtigen Ironie eines Heine anzuverwandeln, sich über Spinoza und Kant zu beugen, wie nur einer der von ihm sonst so verachteten stubenhockerischen bürgerlichen Gelehrten.

Brachte er in dieser Beziehung schon vieles für den normalen Landjunker Ungewöhnliches mit, so wurde er nun, ohne von bewußten Bildungsideen geleitet zu sein, ein Mann von einer ausgeprägten, vor allem literarischen

Bildung, dem die klassische wie die moderne Literatur in ganz ungewohnter Breite zur Verfügung stand und von da an zeit seines Lebens präsent blieb – seine Briefe und Reden, ja selbst viele amtliche Schriftstücke geben davon immer wieder Zeugnis, auch von der Schulung, die er selber dadurch erhielt und die ihn zu einem der großen Schriftsteller des Jahrhunderts werden ließ.

Etwas Auffressendes, Besitzergreifendes, freilich auch Unstetes und nie Befriedigtes lag in dieser wie in allen anderen Betätigungen. Und so hatte es auch etwas leicht Erschreckendes und in mancher Beziehung Gewaltsames, wie sich der, wenngleich gegen mancherlei innere Widerstände, im Geiste des Neuhumanismus und der deutschen Klassik Aufgewachsene und Erzogene plötzlich der Religion zu nähern begann, und zwar im Sinne jener Spielart des Pietismus, wie sie auf vielen pommerschen Gütern heimisch geworden war.

Der Mittler war ein Jugendfreund, Moritz von Blankenburg, aber zum eigentlichen Medium wurde dessen Verlobte, Marie von Thadden-Trieglaff, in deren Person er all das gebündelt fand, was ihm fehlte: den Glauben an eine überweltliche Sinngebung des Daseins, Gottvertrauen in einem durchaus lebenspraktischen Sinne, Annahme der eigenen Individualität, innere Ausgeglichenheit und eine von innen kommende Lebensfreude. In pietistischem Missionseifer hat Marie von Thadden sein Staunen, seine Bewunderung, wohl auch sein Hingerissensein durch ihre ganze Persönlichkeit auf die Glaubensfrage zu richten, ihn davon zu überzeugen versucht, daß hier nichts Verdienst, individuell Erworbenes oder Erwerbbares sei, sondern alles nur Ausdruck des Glaubens, des Vertrauens auf einen persönlichen Gott. Sie rang, wie es in der Sprache der Pietisten hieß, um seine Seele wie Jakob mit dem Engel.

Von einem Erfolg, gar von einem raschen Erfolg konnte keine Rede sein. Bismarck blieb der Skeptiker, der Zweifler, unterstrich das wohl auch, um nicht aus einem höchst anregenden und angenehmen Disput mit einer klugen, sehr intensiven, in ihrem Bekehrungseifer oft hinreißenden jungen Frau in eine pietistische Bibelstunde zu geraten. Aber die jahrelange intensive Beziehung zu dem Kreis um Moritz von Blankenburg und Marie von Thadden, die sich von hier her immer wieder aufdrängende Beschäftigung mit religiösen Fragen und vor allem das sich laufend verstärkende Gefühl der inneren Haltlosigkeit und Sinnlosigkeit seiner ganzen Existenz blieben doch nicht ohne Wirkung. Hinzu kam etwas anderes, schließlich wohl Entscheidendes.

Neben der Bekehrung des »tollen Bismarck« hatten Marie und Moritz von Blankenburg – sie hatten im Oktober 1844 geheiratet – ein zweites Hauptziel: den nun bald Dreißigjährigen sozusagen unter die Haube zu bringen. Zwischen beidem konnten sie sich nicht nur einen inneren Zusammenhang vorstellen, zwischen beidem sahen sie mit Selbstverständlichkeit einen derartigen Zusammenhang. In diesem Sinne stellten sie ihre Überlegungen an – und in diesem Sinne war Bismarck seinerseits auf der Hut. So blieb er eher kühl und distanziert, als er bei der Hochzeit der Freunde einer engen Jugendfreundin Maries, Johanna von Puttkamer, dem einzigen Kind eines sehr zurückgezogen lebenden pommerschen Landedelmanns aus dem äußersten Osten der Provinz – dem tiefsten Hinterpommern, wie man sagte –, vorgestellt wurde. Die Freunde freilich ließen nicht locker, arrangierten immer wieder neue Begegnungen und schließlich eine gemeinsame Reise in den Harz. Und sie hatten schließlich Erfolg. »Nach unserer gemeinsamen Reise in diesem Sommer«, schrieb Bismarck kurz vor Weihnachten 1846 an Johannas Vater, an Heinrich von Puttkamer, sei er »nur darüber im Zweifel gewesen . . ., ob die Erreichung meiner Wünsche mit dem Glück und Frieden Ihres Fräulein Tochter verträglich sein werde.«

Es war eine Werbung im Schatten der Erkrankung und des frühen Todes Marie von Blankenburgs, die im November 1846, gerade vierundzwanzig Jahre alt, gestorben war. Es war aber auch zugleich eine Werbung im Zeichen seiner, wie er selber es nannte und darstellte, Bekehrung, und alle diese Dinge hingen auf das engste miteinander zusammen. »Was sich in mir regte«, heißt es in dem Brief an seinen künftigen Schwiegervater, »gewann Leben, als sich, bei der Nachricht von dem tödlichen Erkranken unserer verstorbenen Freundin in Cardemin, das erste inbrünstige Gebet, ohne Grübeln über die Vernünftigkeit desselben, von meinem Herzen losriß, verbunden mit schneidendem Wehgefühl über meine eigene Unfähigkeit zu beten, und mit Tränen, wie sie mir seit den Tagen meiner Kindheit fremd geworden sind. Gott hat mein damaliges Gebet nicht erhört, aber er hat es auch nicht verworfen, denn ich habe die Fähigkeit, ihn zu bitten, nicht wieder verloren, und fühle, wenn nicht Frieden, doch Vertrauen und Lebensmut in mir, wie ich sie sonst nicht mehr kannte. Durchdrungen von der Erkenntnis, durch mich selbst der Sünde und Verkehrtheit nicht ledig werden zu können, fühle ich mich in dieser Erkenntnis nicht mutlos und niedergeschlagen, wie früher ohne dieselbe, weil der Zweifel an einem ewigen Leben von mir gewichen ist, und weil ich Gott täglich mit bußfertigem Herzen bitten kann, mir gnädig zu sein um Seines Sohnes willen, und in mir Glauben zu wecken und zu stärken.«

»Vertrauen und Lebensmut, wie ich sie sonst nicht mehr kannte« – das ist die übergreifende Formel. Hier, in dem Brief an Heinrich von Puttkamer, ist die entscheidende Quelle Gott, in seinen Briefen an Johanna, wie sich versteht, seine Liebe zu ihr. Beides aber steht für ihn zeit seines Lebens in einem engen Zusammenhang, und zwar nicht bloß in einem literarischen oder metaphorischen oder formelhaft-pietistischen Sinne. »Du bist mein Anker an der guten Seite des Ufers«, schreibt er einmal an Johanna. »Reißt der, so sei Gott meiner Seele gnädig.« Und an einer anderen Stelle: »Ich begreife nicht, wie ein Mensch, der über sich nachdenkt und doch von Gott nichts weiß oder wissen will, sein Leben vor Verachtung und Langeweile tragen kann, ein Leben, das dahinfährt wie ein Strom, wie ein Schlaf, gleich wie ein Gras, das bald welk wird; wir bringen unsere Jahre zu wie ein Geschwätz. Ich weiß nicht, wie ich das früher ausgehalten habe; sollte ich jetzt leben wie damals, ohne Gott, ohne Dich, ohne Kinder – ich wüßte doch in der Tat nicht, warum ich dies Leben nicht ablegen sollte wie ein schmutziges Hemd.«

Der das schreibt, ist allerdings zu diesem Zeitpunkt kein pommerscher Landjunker mehr, kein um den Sinn seiner Existenz in einem durchaus irdischen Verständnis des Wortes ringender ehemaliger Referendar ohne Assessorexamen, sondern der designierte Gesandte Preußens beim eben wiederhergestellten Deutschen Bundestag in Frankfurt am Main, ein Mann, den man zumindest in Preußen kennt und dem viele eine große politische Zukunft voraussagen. »Ohne Gott, ohne Dich, ohne Kinder« – da gehörte längst und von nun an immer ausschließlicher hinzu: ohne die Politik. Die Aussicht, im öffentlichen Leben eine hervorragende Rolle zu spielen, könne, so hatte schon der Dreiundzwanzigjährige in dem seinen »Berufswechsel« begründenden Brief an die Cousine eingeräumt, »auf mich eine jede Überlegung ausschließende Anziehungskraft üben, wie das Licht auf die Mücke«. Und jede Berührung mit dieser Sphäre hatte ihn seither in dieser Selbsteinschätzung bestärkt.

In einem absolutistisch regierten Staat wie Preußen führte in diese Sphäre allerdings auf regulärem Wege nur die Beamtenlaufbahn in Verwaltung, Justiz und Diplomatie, vielleicht noch eine militärische Karriere. Diesen Weg aber hatte Bismarck ausgeschlagen – nicht einmal im Ansatz geschafft, wie Kritiker in der Familie und im Bekanntenkreis es formulierten. Im öffentlichen Leben, in der Politik, im Staat jemand zu werden, war für ihn, den pommerschen, seit 1845, seit dem Tod des Vaters und der Übernahme von Schönhausen, den märkischen Landjunker, bei Lage der Dinge nur möglich, wenn sich die Verhältnisse änderten – nicht schrittweise, sondern grundlegend. Und das hieß auf der Höhe des 19. Jahrhunderts, auch wenn man noch so entschieden für die alte Rechtsstellung des Adels, für die traditionelle Ordnung in Staat und Gesellschaft, für das »alte, gute Recht« eintrat: durch einen revolutionären Umschwung, durch die Einführung einer modernen Verfassung nach englischem und französischem Vorbild, durch die Etablierung von Parteien, allgemein gesprochen durch Öffnung von Staat und Politik gegenüber der Gesellschaft. »Konstitution unvermeidlich, auf diesem Wege zu äußeren Ehren«, hatte Bismarck schon als ganz junger Mann einmal konstatiert und in anderem Zusammenhang von der Faszination gesprochen, die die Rolle »eines Staatsmannes bei freier Verfassung, wie Peel, O'Connell, Mirabeau etc., eines Mitspielers bei energischen politischen Bewegungen« auf ihn ausübten.

»In einem Staate mit freier Verfassung kann ein jeder, der sich den Staatsangelegenheiten widmet, offen seine ganze Kraft an die Verteidigung und Durchführung derjenigen Maßregeln und Systeme setzen, von deren Gerechtigkeit und Nutzen er die Überzeugung hat«, so hieß es in dem Brief an seine Cousine, »er braucht diese letztere einzig und allein als Richtschnur seiner Handlungen anzuerkennen, indem er in das öffentliche die Unabhängigkeit des Privatlebens hinübernimmt.«

Bismarcks eigene politische Karriere ist dann ganz anders verlaufen. Aber den »energischen politischen Bewegungen«, die sich dann auch in Preußen nach 1847, zumindest zeitweise, Bahn brachen, verdankte er letztlich alles: Der unbedingte Verteidiger der Monarchie und der bestehenden gesellschaftlichen Ordnung, als der er sich in den vierziger Jahren immer offener und rückhaltloser zu erkennen gab, bedurfte des entschiedenen Angriffs auf diese Ordnung, ja, ihrer tödlichen Bedrohung, um schließlich an die Stelle derjenigen treten zu können, die jene Ordnung mit den herkömmlichen Mitteln als langbewährte Leiter der bürokratischen, militärischen und diplomatischen Apparate nicht mehr erfolgreich zu verteidigen vermochten.

Das hatte Ludwig Bamberger, der Demokrat von 1848 und spätere Bankier, vor Augen, als er zwanzig Jahre nach jener Herausforderung des alten Preußen durch die Revolution von 1848, die Bismarck indirekt, als ihren dezidierten Gegner, emportrug, schrieb: »Man kann keinen Augenblick daran zweifeln, daß er ein geborener Revolutionär war. Denn man wird als Revolutionär geboren wie als Legitimist, nach der Art der geistigen Anlage, während der Zufall allein darüber entscheidet, ob die Umstände des Lebens aus dem gleichen Menschen einen Weißen oder einen Roten machen.«

Auch der erfolgreiche Gegenrevolutionär ist mit innerer Notwendigkeit ein Revolutionär, so hieß das. Der Gestaltwandel der Politik, des Staates wie der Gesellschaft erzwingt bei Freund und Feind einen Wandel der Methoden, des Politikertypus, schließlich auch, bei aller immer wieder beschworenen Grundsatztreue, der Ziele. In diesem Sinne wurde die Revolution von 1848 zur Stunde Bismarcks. Er, der scheinbar so entschieden gegen seine Zeit und ihre vorherrschenden Tendenzen stand, wurde schließlich zum Mann der Zeit, zum, wie Karl Marx sagen sollte, »Testamentsvollstrecker« dessen, was sie in jener Revolution an Forderungen angemeldet hatte.

8

9

8 Schloß Schönhausen an der Elbe, Parkseite.
Hier wurde Otto von Bismarck am 1. April 1815 geboren.
9 Das Geburtszimmer Otto von Bismarcks in Schloß
Schönhausen. Nach einer Zeichnung von V. de Witt
10 Schloß Schönhausen. Foto (1933)

10

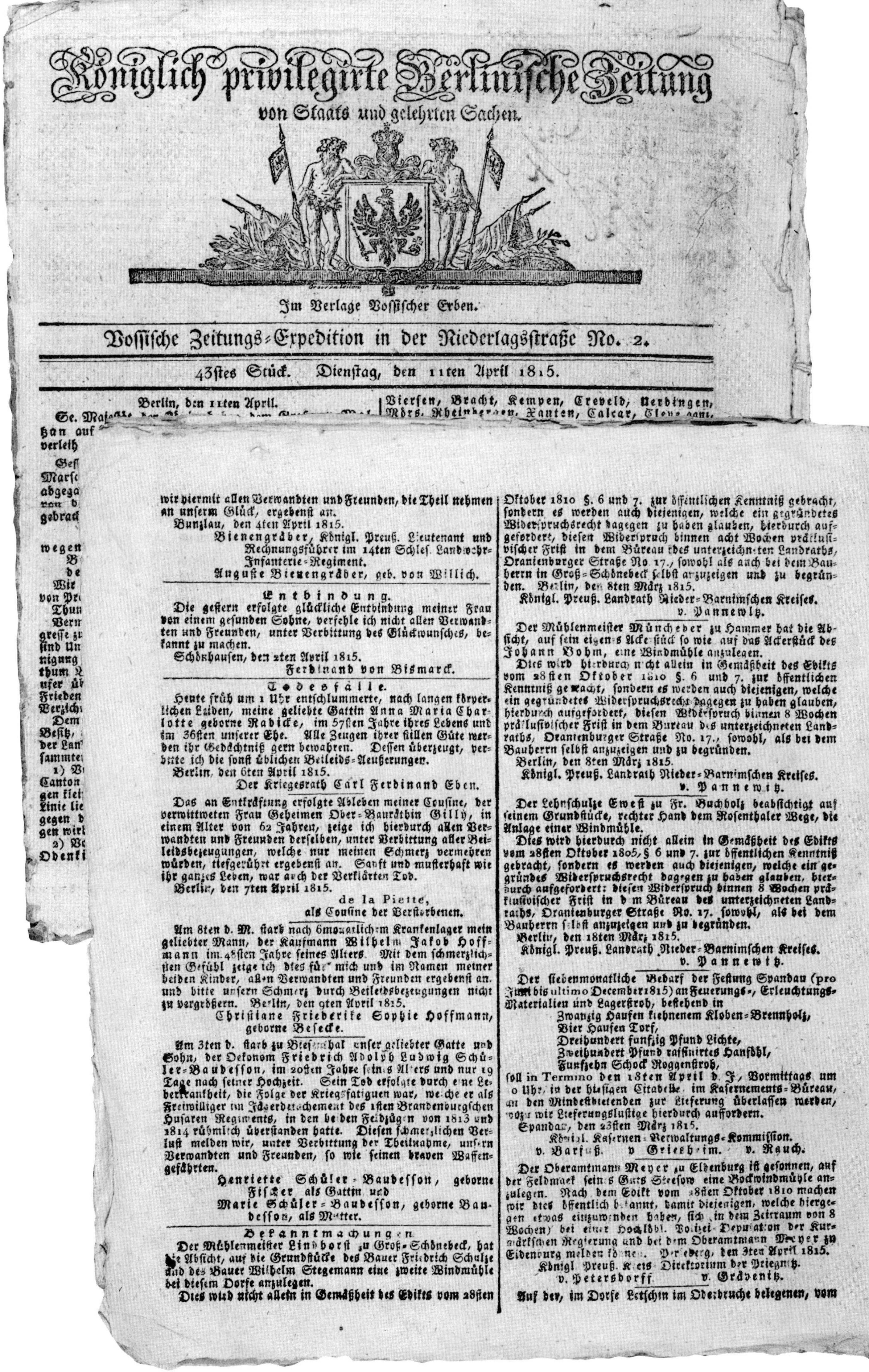
Königlich privilegirte Berlinische Zeitung
von Staats und gelehrten Sachen.
Im Verlage Vossischer Erben.
Vossische Zeitungs-Expedition in der Niederlagsstraße No. 2.
43stes Stück. Dienstag, den 11ten April 1815.

Berlin, den 11ten April.

wir hiermit allen Verwandten und Freunden, die Theil nehmen an unserm Glück, ergebenst an.
Bunzlau, den 4ten April 1815.
Bienengräber, Königl. Preuß. Lieutenant und Rechnungsführer im 14ten Schles. Landwehr-Infanterie-Regiment.
Auguste Bienengräber, geb. von Willich.

Entbindung.
Die gestern erfolgte glückliche Entbindung meiner Frau von einem gesunden Sohne, verfehle ich nicht allen Verwandten und Freunden, unter Verbittung des Glückwunsches, bekannt zu machen.
Schönhausen, den 2ten April 1815.
Ferdinand von Bismarck.

Todesfälle.
Heute früh um 1 Uhr entschlummerte, nach langen körperlichen Leiden, meine geliebte Gattin Anna Maria Charlotte geborne Radicke, im 57sten Jahre ihres Lebens und im 36sten unserer Ehe. Alle Zeugen ihrer stillen Güte werden ihr Gedächtniß gern bewahren. Dessen überzeugt, verbitte ich die sonst üblichen Beileids-Aeußerungen.
Berlin, den 6ten April 1815.
Der Kriegesrath Carl Ferdinand Eben.

Das an Entkräftung erfolgte Ableben meiner Cousine, der verwittweten Frau Geheimen Ober-Bauräthin Gilly, in einem Alter von 62 Jahren, zeige ich hierdurch allen Verwandten und Freunden derselben, unter Verbittung aller Beileidsbezeugungen, welche nur meinen Schmerz vermehren würden, tiefgerührt ergebenst an. Sanft und musterhaft wie ihr ganzes Leben, war auch der Verklärten Tod.
Berlin, den 7ten April 1815.
de la Piette,
als Cousine der Verstorbenen.

Am 8ten d. M. starb nach 6monatlichem Krankenlager mein geliebter Mann, der Kaufmann Wilhelm Jakob Hoffmann im 48sten Jahre seines Alters. Mit dem schmerzlichsten Gefühl zeige ich dies für mich und im Namen meiner beiden Kinder, allen Verwandten und Freunden ergebenst an, und bitte unsern Schmerz durch Beileidsbezeugungen nicht zu vergrößern. Berlin, den 9ten April 1815.
Christiane Friederike Sophie Hoffmann, geborne Besecke.

Am 3ten d. starb zu Biesenthal unser geliebter Gatte und Sohn, der Oekonom Friedrich Adolph Ludwig Schüler-Baudesson, im 20sten Jahre seines Alters und nur 19 Tage nach seiner Hochzeit. Sein Tod erfolgte durch eine Leberkrankheit, die Folge der Kriegsfatiguen war, welche er als Freiwilliger im Jägerdetachement des 1sten Brandenburgschen Husaren Regiments, in den beiden Feldzügen von 1813 und 1814 rühmlich überstanden hatte. Diesen schmerzlichen Verlust melden wir, unter Verbittung der Theilnahme, unsern Verwandten und Freunden, so wie seinen braven Waffengefährten.
Henriette Schüler-Baudesson, geborne Fischer als Gattin und
Marie Schüler-Baudesson, geborne Baudesson, als Mutter.

Bekanntmachungen.
Der Mühlenmeister Lindhorst zu Groß-Schönebeck, hat die Absicht, auf die Grundstücke des Bauer Friedrich Schulze und des Bauer Wilhelm Stegemann eine zweite Windmühle bei diesem Dorfe anzulegen.
Dies wird nicht allein in Gemäßheit des Edikts vom 28sten Oktober 1810 §. 6 und 7. zur öffentlichen Kenntniß gebracht, sondern es werden auch diejenigen, welche ein gegründetes Widerspruchsrecht dagegen zu haben glauben, hierdurch aufgefordert, diesen Widerspruch binnen acht Wochen präklusivischer Frist in dem Büreau des unterzeichneten Landraths, Oranienburger Straße No. 17., sowohl als auch bei dem Bauherrn in Groß-Schönebeck selbst anzuzeigen und zu begründen. Berlin, den 8ten März 1815.
Königl. Preuß. Landrath Nieder-Barnimschen Kreises.
v. Pannewitz.

Der Mühlenmeister Müncheber zu Hammer hat die Absicht, auf sein eigenes Ackerstück so wie auf das Ackerstück des Johann Bohm, eine Windmühle anzulegen.
Dies wird hierdurch nicht allein in Gemäßheit des Edikts vom 28sten Oktober 1810 §. 6 und 7. zur öffentlichen Kenntniß gemacht, sondern es werden auch diejenigen, welche ein gegründetes Widerspruchsrecht dagegen zu haben glauben, hierdurch aufgefordert, diesen Widerspruch binnen 8 Wochen präklusivischer Frist in dem Büreau des unterzeichneten Landraths, Oranienburger Straße No. 17., sowohl, als bei dem Bauherrn selbst anzuzeigen und zu begründen.
Berlin, den 8ten März 1815.
Königl. Preuß. Landrath Nieder-Barnimschen Kreises.
v. Pannewitz.

Der Lehnschulze Ewest zu Fr. Buchholz beabsichtigt auf seinem Grundstücke, rechter Hand dem Rosenthaler Wege, die Anlage einer Windmühle.
Dies wird hierdurch nicht allein in Gemäßheit des Edikts vom 28sten Oktober 1805, § 6 und 7. zur öffentlichen Kenntniß gebracht, sondern es werden auch diejenigen, welche ein gegründes Widerspruchsrecht dagegen zu haben glauben, hierdurch aufgefordert: diesen Widerspruch binnen 8 Wochen präklusivischer Frist in dem Büreau des unterzeichneten Landraths, Oranienburger Straße No. 17. sowohl, als bei dem Bauherrn selbst anzuzeigen und zu begründen.
Berlin, den 18ten März 1815.
Königl. Preuß. Landrath Nieder-Barnimschen Kreises.
v. Pannewitz.

Der siebenmonatliche Bedarf der Festung Spandau (pro Juni bis ultimo December 1815) an Feuerungs-, Erleuchtungs-Materialien und Lagerstroh, bestehend in
Zwanzig Haufen kiehnenem Kloben-Brennholz,
Vier Haufen Torf,
Dreihundert funfzig Pfund Lichte,
Zweihundert Pfund raffinirtes Hanföhl,
Funfzehn Schock Roggenstroh,
soll in Termino den 18ten April d. J., Vormittags um 10 Uhr, in der hiesigen Citadelle im Kasernements-Büreau, an den Mindestbietenden zur Lieferung überlassen werden, wozu wir Lieferungslustige hierdurch auffordern.
Spandau, den 23sten März 1815.
Königl. Kasernen-Verwaltungs-Kommission.
v. Barfuß. v. Griesheim. v. Rauch.

Der Oberamtmann Meyer zu Eldenburg ist gesonnen, auf der Feldmark seines Guts Steesow eine Bockwindmühle anzulegen. Nach dem Edikt vom 28sten Oktober 1810 machen wir dies öffentlich bekannt, damit diejenigen, welche hiergegen etwas einzuwenden haben, sich in dem Zeitraum von 8 Wochen bei einer Hochlöbl. Polizei-Deputation der Kurmärkschen Regierung und bei dem Oberamtmann Meyer zu Eldenburg melden können. Perleberg, den 3ten April 1815.
Königl. Preuß. Kreis-Direktorium der Priegnitz.
v. Petersdorff. v. Grävenitz.

Auf der, im Dorfe Letschin im Oderbruche belegenen, vom

12

11 »Königlich privilegirte Berlinische Zeitung von Staats und gelehrten Sachen«. Ausgabe vom 11. April 1815 mit der Geburtsanzeige Otto von Bismarcks (linke Spalte, zweiter Eintrag von oben). Friedrichsruh, Bismarck-Museum
12 Innenansicht der Kirche von Schönhausen mit dem Taufstein

13

Entlassungszeugniß.

Nummer: Zwei.

Name des Geprüften und Stand seines Vaters:

Leopold Eduard Otto von Bismarck,

$16^3/_4$ Jahre alt, evangelischer Konfession, aus Schönhausen in der Altmark, Sohn des Gutsbesitzers auf Kniephof in Pommern.

Zeit des Schulbesuchs:

Er war 2 Jahre, von Sekunda an, Schüler des Gymnasii und $1^1/_2$ Jahr in Prima.

Aufführung gegen Vorgesetzte und Mitschüler:

Stets anständig und wohlgesittet.

Fleiß:

War zuweilen unterbrochen, auch fehlte seinem Schulbesuche unausgesetzte Regelmäßigkeit.

Kenntnisse:

Sind im Lateinischen gut, sowohl im Verständniß der Schriftsteller als in seinen schriftlichen Uebungen; im Griechischen ziemlich gut; im Deutschen besitzt er eine sehr erfreuliche Gewandheit, und in der Mathematik, Geschichte und Geographie ein befriedigendes Maaß von Kenntnissen. Von den neueren Sprachen hat er die französische und englische Sprache mit besonderem Erfolge betrieben.

Er wird in Bonn, Genf und Berlin

Jura und Cameralia

studiren, und wir entlassen diesen fähigen und wohlvorbereiteten Jüngling mit unseren besten Segenswünschen und der Hoffnung, daß er mit erneutem Eifer an seiner ferneren wissenschaftlichen Ausbildung arbeiten werde.

Berlin, den 3. April 1832.

Verordnete Prüfungskommission

des Berlinischen Gymnasiums zum Grauen Kloster.

14

15

13 Garten der Plamannschen Lehranstalt in Berlin,
in die Otto von Bismarck im Januar 1822 eingeschult wurde.
14 Das Abgangszeugnis Otto von Bismarcks
vom Gymnasium zum Grauen Kloster in Berlin vom 3. April 1832
15 Gymnasium zum Grauen Kloster in Berlin, das
Bismarck von 1830 bis zum Abitur im Jahre 1832 besuchte.
Stahlstich von Georg Michael Kurz nach
einer Zeichnung von Carl Würbs (um 1854).
Berlin, Landesbildstelle

16

17

18

19

20

16 Bismarck als Mitglied des Corps Hannovera in Göttingen. Silhouette aus dem Jahre 1832 **17** Eingang zum Bibliotheksgebäude der Universität Göttingen. Stammbuchblatt von E. L. Riepenhausen (1762–1840). In den Jahren 1832 und 1833 studierte Bismarck an der Göttinger Universität Jurisprudenz. **18** Das Innere des Karzers der Universität Göttingen. Foto (um 1935) **19** Die Karzertür. Foto (um 1910) **20** Das Hörsaalgebäude der Göttinger Universität. Nach einem Holzschnitt (zweite Hälfte des 19. Jahrhunderts)

21

21 Porträtskizze des knapp zwanzigjährigen Otto von Bismarck. Zeichnung von Gustav von Kessel (1834) **22** Ansicht von Aachen. Stahlstich von Johann Poppel nach einer Zeichnung von Ludwig Lange (um 1835) **23** Isabella Loraine-Smith, die siebzehnjährige Tochter eines englischen Pfarrers, lernte Bismarck in Aachen kennen und verliebte sich in sie. **24** Rückansicht des Gesellschaftshauses in Wiesbaden. Nach einem zeitgenössischen Stich (um 1840). Wiesbaden, Museum Wiesbaden **25** Gut Kniephof in Pommern. Foto von Burkhard Asmuss. Berlin, Deutsches Historisches Museum

22

23

24

26

26 Johanna von Puttkamer (1824–1894)
als Braut. Nach einem Bild aus dem Jahre 1847
27 Erste und letzte Seite des »Werbebriefs«
Otto von Bismarcks an Heinrich von Puttkamer.
In ihm hielt er um die Hand von
dessen Tochter Johanna an. Friedrichsruh,
Bismarck-Museum

F.A. TRUCHOT
HOTEL DE PRUSSE
STETTIN

Verehrtester Herr von Puttkamer

Ich beginne dieses Schreiben damit, daß ich Ihnen von vorn herein seinen Inhalt bezeichne; es ist eine Bitte um das Höchste, was Sie auf dieser Welt zu vergeben haben, um die Hand Ihrer Fräulein Tochter. Ich verhehle mir nicht, daß ich dreist erscheine, wenn ich, der ich erst neuerlich, und durch sparsame Begegnungen Ihnen bekannt geworden bin, den stärksten Beweis von Vertrauen beanspruche, den Sie einem Manne geben können. Ich weiß aber, daß ich, auch abgesehen von allen Hindernissen in Raum und Zeit, welche Ihnen die Bildung eines Urtheils über mich erschweren können, durch mich selbst niemals im Stande sein kann, Ihnen solche Bürgschaften für die Zukunft zu geben, daß sie den Einsatz eines so theuren Pfandes von Ihrer Seite rechtfertigen würden, wenn Sie nicht durch Vertrauen auf Gott das ergänzen, was das Vertrauen auf Menschen nicht leisten kann. Was ich selbst dazu thun kann, beschränkt sich darauf, daß ich Ihnen mit rückhaltsloser Offenheit über mich selbst Auskunft gebe, soweit ich mir selbst klar geworden bin. Ueber mein öffentliches Verhalten wird es Ihnen leicht sein, Nachrichten durch Andre zu erhalten; ich begnüge mich daher mit einer Darstellung meines innern Lebens, welches jenem zu Grunde lag, und besonders meines Verhältnisses zum Christenthum. Ich muß dazu weit ausholen. Ich bin meinem elterlichen Hause in frühster Kindheit fremd, und nie wieder völlig darin heimisch geworden, und

zu geben. Des Wichtigsten glaube ich gedacht zu haben.

Ich bitte Sie, Ihrer Frau Gemahlin meine ehrerbietige Empfehlung darzubringen, und die Versicherung meiner Liebe und Hochachtung mit Wohlwollen aufzunehmen.

Adr: Schönhausen bei Fischbeck a. d. Elbe. Bismarck

28

28 Das Ehepaar Bismarck im Jahre 1849

29 Blick auf Schönhausen

30

31

32

33

34

35

30 Karl Alexander von Bismarck (1727–1797), der Großvater väterlicherseits. Gemälde eines unbekannten Künstlers. Friedrichsruh, Schloß
31 Charlotte von Bismarck, geb. von Schönefeld (1741–1772), die Großmutter väterlicherseits. Gemälde eines unbekannten Künstlers. Friedrichsruh, Schloß
32 Johanna Elisabeth Mencken (1755–1818), Bismarcks Großmutter mütterlicherseits. Miniatur (um 1780). Oldenburg, Stadtmuseum
33 Anastasius Ludwig Mencken (1752–1801), Bismarcks Großvater mütterlicherseits. Miniatur (um 1780). Oldenburg, Stadtmuseum
34 Karl Wilhelm Ferdinand von Bismarck (1771–1845), der Vater. Aquarell. Friedrichsruh, Bismarck-Museum
35 Wilhelmine Luise von Bismarck, geb. Mencken (1789–1839), die Mutter. Gemälde von Frédéric Frégevize (1823). Friedrichsruh, Schloß

36

37

36–37 Außen- und Innenansicht der Kirche von Schönhausen

38

38 Ruine des Schlosses Schönhausen
39 Gut Schönhausen. Aquarell von Müller (1863). Friedrichsruh, Bismarck-Museum
40 Die Kirche von Schönhausen. Aquarell von Doebber (1899). Friedrichsruh, Bismarck-Museum

39

40

41

42

43

44

41 Ansicht der Klosterkirche in Berlin. Gemälde von Heinrich Krigar (1832). Berlin, Berlin Museum **42** Parade vor dem königlichen Palais in Berlin. Gemälde von Wilhelm Brücke (1839). Berlin, Märkisches Museum **43** Unter den Linden. Gemälde von Wilhelm Brücke (um 1843; um 1870 von fremder Hand vollendet). Berlin, Berlin Museum **44** Bismarck im Alter von elf Jahren. Kreidezeichnung von Franz Krüger (1826). Friedrichsruh, Bismarck-Museum

46

45 Bismarcks zweite Studentenwohnung am Wall in Göttingen **46** Bernhard von Bismarck (1810–1893), der Bruder. Gemälde von E. Boltz (1844). Friedrichsruh, Schloß

47 Otto von Bismarck um 1850.
Gemälde von Moritz Berendt. Berlin, Geheimes Staatsarchiv
Preußischer Kulturbesitz

ZWEITES KAPITEL

DER AUFSTIEG ZUR MACHT

Im Februar 1846 war Bismarck, inzwischen mit Johanna von Puttkamer offiziell verlobt, endgültig nach Schönhausen übergesiedelt. Ein Jahr später berief Friedrich Wilhelm IV., in finanziellen Engpässen, den sogenannten Vereinigten Landtag, ein aus den Provinzialständen der Monarchie gebildetes Gremium, das am 11. April 1847 in Berlin erstmals zusammentrat. Als kurze Zeit später einer der ritterschaftlichen Vertreter der Magdeburger Stände so schwer erkrankte, daß er an den Verhandlungen nicht weiter teilnehmen konnte, rückte Bismarck als kurz zuvor neu gewählter erster Stellvertreter – er hatte im Herbst 1846 als Deichhauptmann für die rechtsseitige Elbstrecke zwischen Jerichow und Sandau sein erstes öffentliches Amt angetreten – an seine Stelle. Damit begann im Mai 1847 seine politische Karriere, die ihn binnen vier Jahren, im Alter von gerade sechsunddreißig Jahren, auf einen der wichtigsten Posten der preußischen Diplomatie, in das Amt des preußischen Bundestagsgesandten in Frankfurt, und schließlich, weitere elf Jahre später, in die Position des preußischen Ministerpräsidenten und Außenministers führen sollte, die er dann nicht weniger als dreiundzwanzig Jahre mit der des Kanzlers des Norddeutschen Bundes und dann des Deutschen Reiches verband.

Als er sich am 15. Mai 1847 erstmals zu Wort meldete, machte er sofort jedermann klar, daß er, eben zweiunddreißig Jahre alt, auf der äußersten Rechten dieses nach der Art seiner Zusammensetzung nicht gerade revolutionär zu nennenden, in seiner Mehrheit immerhin gemäßigt liberal gesinnten Gremiums anzusiedeln war. Und diesen Eindruck vertiefte er in den nächsten Tagen und Wochen nachhaltig. Ob er über die Bedeutung der Freiheitskriege sprach – deren zugleich innenpolitische Stoßrichtung er leidenschaftlich bestritt –, über die Stellung der Juden, über die Rechte der Versammlung gegenüber der Regierung, stets trat er als unbedingter Verteidiger des Bestehenden auf, der Rechte der Krone, der Kompetenzen der Regierung, der Legitimität der vorhandenen Ordnungen in Staat und Gesellschaft, vor allem der Gottgewolltheit der wesentlich vom Adel beherrschten sozialen Verhältnisse. Nur wer ganz genau zuhörte – aber wer tat das schon bei einem so jungen und ganz unbekannten Mann –, mochte in der Argumentation Zwischentöne und überraschende Perspektiven und Wendungen entdecken. Bei allen anderen blieb der Eindruck, daß hier jemand mit beachtlichem rhetorischem Talent und in einer durchaus modernen Sprache die Sache der Hochkonservativen verfocht und mit ihrer Hilfe Karriere zu machen suchte – aggressiv, ehrgeizig und, wie die Liberalen meinten, bei aller Jugend ganz ein Mann des Gestern. Als ein dreiviertel Jahr später die einmal mehr von Frankreich und Paris ausgehende Revolution auch auf Preußen übergriff und der König sich den Forderungen ihrer Vertreter und Wortführer scheinbar vorbehaltlos beugte, da schien ausgemacht, daß der Auftritt des »Gutsbesitzers Otto von Bismarck-Schönhausen« auf der Bühne des ersten gesamtpreußischen Parlaments eine bloße Marginalie bleiben würde, von der kein preußisches Geschichtsbuch auch nur in einer Fußnote Kenntnis nehmen werde.

Daß es ganz anders kam, verweist zugleich mit Nachdruck auf die von der Person unabhängigen, aus ihrer Individualität, aus ihren Leistungen und Schwächen, aus ihren Verdiensten und Versäumnissen nicht ableitbaren Bedingungen der Bismarckschen Politik – eben auf das, was den einen zu einer der bestimmenden Figuren seiner Epoche, ja, zum Mann der Zeit werden und den anderen scheitern läßt. Bismarck hat dafür im Unterschied zu vielen seiner Bewunderer wie seiner Kritiker zeit seines Lebens ein sehr ausgeprägtes Gefühl gehabt. »Ich bin nicht so anmaßend zu glauben«, schrieb er auf dem Höhepunkt seiner politischen Laufbahn, im Sommer 1869, an einen der Revolutionäre von 1848, an Gottfried Kinkel, »daß unsereiner Geschichte *machen* könnte. Meine Aufgabe ist, die Strömungen der letztern zu beobachten und in ihnen mein Schiff zu steuern wie ich kann. Die Strömungen selbst vermag ich nicht zu leiten, noch weniger hervorzubringen.«

»Die Strömungen zu beobachten und in ihnen mein Schiff zu steuern« – das in der Tat verstand er schon früh meisterhaft. Seine politischen Partner seien ihm nur »Postpferde, mit denen er bis zur nächsten Station fährt«, konstatierte ein Zeitgenosse bereits in den fünfziger Jahren, als viele in ihm noch den Lordsiegelbewahrer des konservativen Prinzips sahen. Als solcher hatte er in der Revolution von 1848/49, die zunächst alle seine politischen Hoffnungen zu begraben schien, sehr rasch Karriere gemacht.

Im März 1848, als Friedrich Wilhelm IV. sich der Revolution – »der Straße«, wie die Hochkonservativen sagten – beugte, ein liberales Ministerium berief und »deutsche Politik« zu treiben versprach, hatte Bismarck zunächst ganz unsinnige Pläne gewälzt: Er erwog, an der Spitze seiner Schönhausener Bauern das flache Land gegen die Hauptstadt zu mobilisieren, und entwickelte gleichzeitig, wenn auch nur in vorsichtigen Andeutungen, den Gedanken eines gegenrevolutionären, also auch gegen den Monarchen gerichteten Staatsstreichs unter Führung eines Prinzen des königlichen Hauses – der König sei nicht mehr Herr seiner Entschlüsse, rechtfertigte er die für einen Royalisten einigermaßen abenteuerliche Idee. Dann allerdings stellte er sich sehr rasch auf den Boden der neuen Situation und machte sich daran, mit anderen die Grundlagen für eine in dieser Situation, sprich unter den Bedingungen eines Verfassungsstaates und der Vereins-, Presse- und Versammlungsfreiheit, erfolgverheißende konservative Politik zu legen.

Es waren durchweg die Methoden der politischen Gegner, also der Liberalen und der Demokraten, die man dabei übernahm, und Bismarck entwickelte in dieser Hinsicht keinerlei Berührungsängste. Im Gegenteil, er akzentuierte manche Entwicklungstendenzen noch und trieb sie seinerseits voran, wo ihm das der eigenen Sache dienlich zu sein schien. So legte er größten Wert darauf, daß in dem konservativen Parteiorgan, das am 1. Juli 1848 unter dem Namen *Neue Preußische Zeitung* erstmals erschien – es wurde nach dem in den Freiheitskriegen gestifteten Eisernen Kreuz, das es im Titel führte, bald nur noch *Kreuzzeitung* genannt –, der agrarische Interessenstandpunkt nachdrücklich betont wurde und im übrigen lokale Nachrichten und die Unterhaltung nicht zu kurz kamen. Und auch bei der parteipolitischen Organisation des konservativen Lagers, die in den Sommermonaten des Jahres 1848 nachdrücklich vorangetrieben wurde, setzte er sich immer wieder dafür ein, neben den Prinzipien, den leitenden Grundsätzen auch die materiellen Gesichtspunkte, die Gemeinsamkeit der Interessen zwischen Gutsbesitzern, Bauern, ländlicher Bevölkerung und den Konsumentenschichten des städtischen Kleinbürgertums besonders hervorzuheben.

Das ging nicht ohne innerparteiliche Spannungen und Gegensätze ab. Gegen Bismarcks in vielen Variationen formulierten Satz: »Wir müssen schon so materiell sein, unsere materiellen Interessen zu verteidigen«, wandte sich einer seiner politischen Ziehväter, der Magdeburger Oberlandesgerichtspräsident Ernst Ludwig von Gerlach, mit Nachdruck. Auf der ersten Generalversammlung des unter Bismarcks aktiver Mitwirkung gegründeten und dann mehrfach umgetauften »Vereins zur Wahrung der Rechte des Grundbesitzes und zur Aufrechterhaltung des Wohlstandes aller Volksklassen« erklärte er, die Parole müsse lauten: »Den Rücken gegen den Mist, die Front gegen den Feind – das ist adelig.« Die Jüngeren aber folgten auf breiter Front dem Schönhausener Gutsbesitzer, der sich immer mehr als jemand entpuppte, der im Unterschied zu den meisten der älteren konservativen Politiker den liberalen und demokratischen Kontrahenten am Rednerpult, in der Volksversammlung, mit der Feder vollständig gewachsen war und der dazu noch virtuos die Fäden zwischen den einzelnen Personen und Gruppen zu ziehen vermochte.

Für die Beamten und hohen Offiziere, die Diplomaten und Professoren, die Gerichtspräsidenten und Oberkonsistorialräte, die bisher den Kern der konservativen Kräfte in Staat und Gesellschaft gebildet hatten und sich nun im »Verein für König und Vaterland« organisierten, waren die Radikalität und der drastische Realismus, die der märkische Junker an den Tag legte, in vieler Hinsicht irritierend. Sie verstanden es, daß Friedrich Wilhelm IV. neben seinem Namen auf einer Liste potentieller Minister eines konservativen Kabinetts notierte: »Nur zu brauchen, wo das Bajonett schrankenlos waltet.« Nach einer anderen Quelle soll er sogar gesagt haben: »Roter Reaktionär, riecht nach Blut, später zu gebrauchen.« Für die Jüngeren aber verkörperte er die Hoffnung, sich auch in einer Welt zu behaupten, die, wie auch immer die Revolution ausgehen würde, nicht mehr von Geheimräten und betreßten Diplomaten im Stile der Metternich-Zeit bestimmt werden würde.

In die preußische oder in die Frankfurter Nationalversammlung gewählt zu werden, hatte Bismarck nach seinen Auftritten im preußischen Vereinigten Landtag natürlich nicht die geringste Chance gehabt; er habe »wenig oder gar keine Aussicht«, bemerkte er damals nüchtern zu seinem Bruder. Aber nachdem die preußische Nationalversammlung im Herbst 1848 zunächst nach Brandenburg verlegt und dann aufgelöst worden war und der preußische König dem Land, sozusagen per Erlaß, eine Verfassung gegeben hatte, schlug auch in parlamentarischer Hinsicht wieder Bismarcks Stunde. Er wurde Anfang Februar 1849 in die preußische zweite Kammer, in die Volkskammer, gewählt, die damals noch wie ihre Vorgängerin, die preußische, und wie die Frankfurter Nationalversammlung nach dem allgemeinen Wahlrecht gebildet wurde; erst Ende Mai 1849 wurde dieses Wahlrecht durch ein anderes ersetzt, das die Wähler entsprechend ihrer Steuerleistung in drei Klassen einteilte, also Einkommen beziehungsweise Besitz und politische Rechte in spezieller Weise aneinanderband. Auch in das Erfurter Parlament, das im März und April 1850 tagte und über die Verfassung eines als Fürstenunion unter Führung Preußens konzipierten kleindeutschen Nationalstaates beraten und beschließen sollte, wurde Bismarck als Kandidat der inzwischen fest etablierten konservativen Partei gewählt.

Die Laufbahn eines konservativen Parlamentariers in einem mittlerweile konstitutionellen Preußen – das entsprach, in Verbindung mit dem Ziel, auf diesem Wege einmal Minister, gar leitender Minister, zu werden, durchaus eigenen frühen Erwartungen. Von der Rolle eines Peel ist in Zukunftsträumen mehrfach die Rede, und Bismarcks Formulierungen hätten auch aus der Feder eines englischen Aristokraten stammen können, wenn er 1838 schrieb: »In einem Staate mit freier Verfassung kann ein jeder, der sich den Staatsangelegenheiten widmet, offen seine ganze Kraft an die Verteidigung und Durchführung derjenigen Maßregeln und Systeme setzen, von deren Gerechtigkeit und Nutzen er die Überzeugung hat, und er braucht diese letztere einzig und allein als Richtschnur seiner Handlungen anzuerkennen, indem er in das öffentliche die Unabhängigkeit des Privatlebens hinübernimmt.«

»Unabhängigkeit des Privatlebens«, weitgehende Autonomie als Politiker, Gewinnung einer politischen Stellung aus eigener Kraft und damit in gewissen Grenzen eigenen Rechts – das hatte sich inzwischen aus vagen Zukunftshoffnungen zu persönlichen Leitlinien verdichtet. Und diese Leitlinien blieben für Bismarck auch dann noch bestimmend, als ihn die Umstände aus der Laufbahn des konservativen Parlamentariers in die des Diplomaten und dann in diejenige eines königlichen Ministers trugen, der dem preußischen Parlament, dem Abgeordnetenhaus, zunächst mit entschiedener Feindschaft und dann, nach dem auf langen und verschlungenen Wegen erzielten Ausgleich, doch immer – wie später auch dem deutschen Parlament, dem Reichstag – mit Distanz und unter Betonung seines unbedingten Führungsanspruchs gegenüberstand.

Diese Entwicklung war wesentlich von der Außenpolitik, genauer gesagt von der deutschen Frage bestimmt. Mit ihr, mit den »deutschen Phantastereien«, wie er sich damals ausdrückte, hatte sich Bismarck lange Zeit eher am Rande beschäftigt. Für ihn, den »Stockpreußen«, wie andere ihn nannten und wie er sich auch selber gern bezeichnete, stand die »Systemfrage« ganz im Zentrum, also das Problem der inneren politischen und gesellschaftlichen Ordnung Preußens. Die Monarchie, allerdings in konstitutionell beschränkter Form, vor allem aber die Stellung des Adels zu erhalten, die politischen und sozialen Machtansprüche des Bildungs- und Besitzbürgertums abzuwehren und die Massen der städtischen und insbesondere der ländlichen Bevölkerung hinter einer großen konservativen Partei zu vereinigen – das schälte sich im Verlauf der Revolution neben seinem leidenschaftlichen Wunsche, etwas zu werden und die Existenz des kleinen Gutsbesitzers hinter sich zu lassen, als sein politisches Hauptziel heraus. Die deutsche Frage hingegen galt ihm, zumindest in der Form, wie sie jetzt formuliert wurde, als eine Erfindung des politischen Gegners, also des liberalen

Bürgertums, als ein Instrument, um die bestehende politische und gesellschaftliche Ordnung aufzubrechen und grundlegend zu verändern – was in der Tat ein Hauptziel der liberalen Nationalidee war: »Die ganze nationale Wut« sei »nichts anderes« als eine »Äußerung des Freiheitsdranges«, so Ludwig Bamberger damals. In diesem Sinne sprach Bismarck von dem »Schwindel der Paulskirche« und betonte ein ums andere Mal: »Preußen sind wir, und Preußen wollen wir bleiben ... Wir wollen das preußische Königtum nicht verschwommen sehen in der faulen Gärung süddeutscher Gemütlichkeit.« – »Die Frankfurter Krone mag sehr glänzend sein«, lautete sein Kommentar zu dem Beschluß der Frankfurter Nationalversammlung, Friedrich Wilhelm IV. die Krone eines kleindeutschen Nationalstaates anzutragen, »aber das Gold, welches dem Glanze Wahrheit verleiht, soll erst durch das Einschmelzen der preußischen Krone gewonnen werden.« Im gleichen Zusammenhang sprach er davon, daß von der Linken »alle Mittel aufgewandt« würden, Preußen in Deutschland eine Rolle aufzudrängen, wie sie Sardinien in Italien gespielt habe, um »uns dahin zu bringen, wo Carlo Alberto vor der Schlacht von Novara [der Niederlage gegen die österreichische Armee unter Radetzky am 23. März 1849] war, wo ihm der Sieg den Untergang der Monarchie, seine Niederlage schimpflichen Frieden bringen mußte«. Die nationale und liberale Bewegung suche über eine Zentralstaatsverfassung und mit Hilfe des Einheitsgedankens eine Machtposition zu gewinnen, die sie selbst zu erlangen nicht imstande sei. Unter diesen Voraussetzungen sei ihm lieber, »daß Preußen Preußen bleibt«. Und ganz selbstbewußter preußischer Patriot fügte er hinzu: »Es [Preußen] wird als solches stets in der Lage sein, Deutschland Gesetze zu geben, nicht, sie von anderen zu empfangen.«

Fast unmittelbar nach Ablehnung der »Frankfurter Krone« hatte der preußische König, inzwischen politisch wieder fest im Sattel, unter dem Einfluß und unter Führung seines langjährigen engen Freundes Joseph Maria von Radowitz, eines Katholiken ungarischer Herkunft, der seit 1823 als Offizier und Diplomat in preußischen Diensten Karriere gemacht hatte, den Versuch unternommen, den kleindeutschen Nationalstaat unter preußischer Führung von oben her, mit Hilfe der schon erwähnten Fürstenunion, durchzusetzen. Auch dieser Versuch stieß bei dem »Stockpreußen« Bismarck, der Radowitz später einmal höhnisch den »geschickten Garderobier der mittelalterlichen Phantasie« seines Herren nannte, von Anfang an auf entschiedenen Widerstand. Er hielt den Plan in mehrfacher Hinsicht für unrealistisch und für dilettantisch ins Werk gesetzt, vor allem aber auch innenpolitisch für höchst gefährlich, da er das Geschäft des politischen Gegners besorge und in dieser Form die Wirkung zu haben drohe, die jener sich von einer Nationalstaatsbildung verspreche – was den jungen Abgeordneten nicht daran hinderte, sich unter der Perspektive, er selbst befinde sich an der Stelle von Radowitz, die Möglichkeiten zu vergegenwärtigen, die prinzipiell in dem Konzept steckten.

Nach außen hin aber trat Bismarck ganz als Gralshüter der altpreußischen Tradition auf, wie sie in Friedrich dem Großen ihren Höhepunkt und ihre vorläufige Vollendung gefunden hatte. Statt ängstlich hin und her zu lavieren und auf Kräfte und Interessen Rücksicht zu nehmen, die mit dem wohlverstandenen preußischen Staatsinteresse nichts zu tun hätten, ja, es bedrohten, hätte ein Friedrich, so erklärte er Anfang September 1849 in der preußischen Kammer, ganz anders gehandelt. Er hätte, gestützt auf die Armee und auf das »kriegerische Element« als der »hervorragendsten Eigentümlichkeit preußischer Nationalität«, die »Wahl gehabt, sich nach dem Bruch mit Frankfurt an den alten Kampfgenossen, an Österreich, anzuschließen, dort die glänzende Rolle zu übernehmen, welche der Kaiser von Rußland gespielt hat, im Bunde mit Österreich den gemeinsamen Feind, die Revolution, zu vernichten. Oder es hätte ihm freigestanden, mit demselben Recht, mit dem er Schlesien eroberte, nach Ablehnung der Frankfurter Kaiserkrone den Deutschen zu befehlen, welches ihre Verfassung sein solle, auf die Gefahr hin, das Schwert in die Waagschale zu werfen. Dies wäre eine nationale preußische Politik gewesen. Sie hätte Preußen im ersten Fall in Gemeinschaft mit Österreich, im anderen Fall durch sich allein die richtige Stellung gegeben, um Deutschland zu der Macht zu helfen, die ihm in Europa gebührt.«

Das war mehr ein verbales Auftrumpfen als ein realistisches Konzept. Aber es appellierte unter Beschwörung der friderizianischen Traditionen ebenso geschickt an das preußische Selbstbewußtsein nicht zuletzt in der Armee und in der Armeeführung wie an jene Kräfte um Friedrich Wilhelm IV., die, wie die Brüder Gerlach, zu einem Ausgleich mit Österreich und einer Wiederherstellung des Bundes der drei konservativen Ostmächte mit scharfer Frontstellung gegen die Revolution in jederlei Gewand rieten – nicht zuletzt gegen das Frankreich eines neuen Napoleon, des nach dem allgemeinen Wahlrecht gewählten Präsidenten Louis Bonaparte.

Jene Kräfte vermochten sich zunächst gegen Radowitz nicht durchzusetzen. Aber als dessen Politik immer tiefer in die Krise geriet und schließlich am gemeinsamen Widerstand Rußlands und des unter Fürst Schwarzenberg wiedererstarkten Österreichs endgültig scheiterte, da schlug mit ihrer auch die Stunde Bismarcks. Bezeichnenderweise aber verdankte er den so heiß ersehnten Erfolg, den Aufstieg zu Amt und Würden, im letzten nicht so sehr dem Spiel hinter den Kulissen, personellen und parteipolitischen Manövern – so energisch und zielbewußt er sich auch an ihnen beteiligte –, als seinem öffentlichen Auftreten, einer parlamentarischen Hilfsaktion zugunsten einer schwer angeschlagenen Regierung und Staatsführung in Form einer großen, Freund und Feind gleichermaßen beeindruckenden Rede.

Im Mai 1850 hatte sich endgültig gezeigt, wie gering die Bereitschaft der übrigen Staaten, vor allem Bayerns und Hannovers, war, mit Preußen eine bundesstaatliche Union einzugehen. In den darauffolgenden Wochen hatte Österreich unter seinem neuen Ministerpräsidenten Fürst Schwarzenberg zunehmend die Initiative ergriffen mit dem Ziel, Preußen wieder in den Deutschen Bund zurückzuzwingen. Der Konflikt um Kurhessen, der in einem Verfassungsstreit Österreich auf der Seite des Kurfürsten, Preußen auf der Seite der liberalen Opposition sah, sowie der erneut aufflammende Streit mit Dänemark über die Herzogtümer hatten Österreich und Preußen schließlich an den Rand eines Krieges geführt. Er wurde nur dadurch vermieden, daß Preußen unter russischem Druck fast auf der ganzen Linie nachgab. Ende November 1850 – Radowitz war schon Anfang des Monats zurückgetreten – hatte die preußische Regierung in Olmütz endgültig ihrer Unionspolitik abgeschworen und auf ein Eingreifen in Hessen verzichtet.

Das war eine schwere Demütigung Preußens, die auch jene empfindlich traf, die in Armee und Staatsführung den bisherigen Kurs mißbilligt und bekämpft hatten. Die Stimmung im Land war höchst kritisch, und die nächste Parlamentsdebatte drohte die Regierung in höchste Bedrängnis zu bringen. Sie herauszuhauen und vielleicht sogar das eigene, tief verunsicherte und gespaltene Lager wieder zusammenzuführen und erneut auf Kurs zu bringen, das war die Aufgabe, vor die sich Bismarck, den die Konservativen zu ihrem Hauptredner bestimmt hatten, am 3. Dezember 1850 gestellt sah. Er löste sie in einer Art, die den taktischen Bedürfnissen des Augenblicks ebenso entsprach wie längerfristigen strategischen Erwägungen sowohl im Hinblick auf die eigene Person als auch hinsichtlich der Außenpolitik des preußischen Staates, die mitzugestalten er fortan vielen auch über den Kreis seiner engsten politischen Freunde hinaus berufen schien.

Von Kapitulation sei die Rede, von schmählicher Unterwerfung, ja, von Feigheit, und diejenigen stießen am lautesten in die Kriegstrompete, die am wenigsten ahnten, was ein großer, ein europäischer Krieg bedeute – auf dem blutigen Schlachtfeld und in den nicht hinreichend zu schützenden Provinzen wie in seinen möglichen Folgen. Es sei »leicht für einen Staatsmann, in dem Kabinette oder in der Kammer, mit dem populären Winde« in den Kriegsruf miteinzustimmen »und sich dabei an seinem Kaminfeuer zu wärmen oder von dieser Tribüne donnernde Reden zu halten und es dem Musketier, der auf dem Schnee verblutet, zu überlassen, ob sein System Sieg und Ruhm erwirbt oder nicht. Es ist nichts leichter als das, aber wehe dem Staatsmann, der sich in dieser Zeit nicht nach einem Grunde zum Krieg umsieht, der auch *nach* dem Kriege noch stichhaltig ist.« Sicher, Krieg sei in letzter Konsequenz ein unverzichtbares Mittel der Politik.

Aber eben deswegen könne er die Politik nicht ersetzen. Die entscheidende Frage müsse vielmehr lauten: Ist diese Politik, sind ihre Ziele einen Krieg mit all seinen schrecklichen Opfern und all seinen Risiken wert?

Damit war Bismarck mit wenigen Sätzen an dem Punkt angelangt, auf den es ihm allein ankam und von dem aus er sogleich von der Verteidigung in die Offensive übergehen konnte. Olmütz sei keine Niederlage, kein schmachvolles und ehrloses Zurückweichen. Olmütz sei der Schlußstrich unter eine verfehlte, den wahren Interessen Preußens zuwiderlaufende Politik. Insofern könne es, wenn man die Chance nutze, Bilanz zu ziehen und sich über die wahre Interessenlage klar zu werden, zum Ausgangspunkt eines neuen Aufstiegs, der Anknüpfung an die großen, die friderizianischen Traditionen des preußischen Staates werden.

Die inneren Verhältnisse in Kurhessen seien für Preußen, bei Licht besehen, ganz gleichgültig. Prestigeüberlegungen hätten auf dem Feld der internationalen Politik nichts zu suchen. Und was die Unionspläne angehe, könne er sie nur »ein zwitterhaftes Produkt furchtsamer Herrschaft und zahmer Revolution« nennen. Worauf es heute und in Zukunft wirklich ankomme, sei die Bewahrung der europäischen Großmachtstellung Preußens, die Sicherung seines Platzes und Einflusses in Mitteleuropa als mit, wie Bismarck betonte, Österreich »gleichberechtigte Schutzmacht Deutschlands«, die Aufrechterhaltung seiner Rolle als Bollwerk gegen die Revolution. Dafür müsse Preußen bereit sein, notfalls auch einen Krieg zu führen. Das und nur das seien seine wahren Interessen.

Eine anachronistische Idealisierung des Machtstaates, Entidealisierung der Politik, Absolutsetzung des einzelstaatlichen Egoismus? Phrasen des politischen Gegners, der Liberalen und der Demokraten, die Preußen zum Degen und zur Speerspitze ihrer mit dem preußischen Staatsinteresse unvereinbaren Ziele machen wollten. »Die einzige gesunde Grundlage eines großen Staates, und dadurch unterscheidet er sich wesentlich von einem kleinen Staate, ist der staatliche Egoismus und nicht die Romantik, und es ist eines großen Staates nicht würdig, für eine Sache zu streiten, die nicht seinem eigenen Interesse angehört« – also für Prinzipien, für den Einzelstaat übergreifende Ziele und Überzeugungen. Hier war das gegen Radowitz, gegen die Liberalen, gegen die Demokraten, gegen die nationale Bewegung formuliert, und das brachte dem Redner den rauschenden Beifall der Rechten ein. Aber es konnte sich ebensogut auch einmal gegen die konservative Prinzipienpolitik richten, wie sie die Brüder Gerlach, Friedrich Julius Stahl und weite Teile der Kreuzzeitungspartei vertraten. In jenen Worten war alles Weitere schon vorgezeichnet – der Konflikt mit den Konservativen, das Prinzip unbedingter außenpolitischer Koalitionsfreiheit, die Bereitschaft, das Äußerste zu wagen und zu allen Mitteln zu greifen, wenn es vom preußischen Staatsinteresse her, so wie er es verstand und interpretierte, geboten schien.

Zunächst aber war er der Mann des Tages, und sein Wort, wenn die Mehrheit der Kammer Preußen in einen »Prinzipienkrieg« hineinziehen wolle, so sei das »kein Grund zum Kriege mit Österreich, sondern zum Kriege mit dieser Kammer«, machte überall die Runde. Seine politischen Freunde ließen die Rede drucken und verbreiteten sie in zwanzigtausend Exemplaren. Jedermann, nicht zuletzt er selber, erwartete nun, daß der König und die Regierung, denen er so wirkungsvoll beiseite gesprungen war, sich binnen kurzem erkenntlich zeigen würden.

In der Tat wurden sogleich entsprechende Überlegungen angestellt. Vor allem Leopold von Gerlach, der Generaladjutant des Königs, dessen Bruder Ludwig von Gerlach Bismarck ausdrücklich signalisiert hatte, daß er aufgrund seiner »sehr beengten«, ja »dürftigen Vermögenslage« ein öffentliches Amt anstrebe, brachte ihn nachdrücklich ins Gespräch. Zwar gab es nach wie vor mancherlei Widerstände innerhalb des Staatsapparates gegen den Mann, der nicht einmal den Assessor gemacht hatte, der zudem erst gerade fünfunddreißig Jahre alt war und privat wie in der Öffentlichkeit eine Sprache führte, die bei aller konservativen Gesinnungstreue in konservativen Kreisen ganz und gar ungewohnt war und eine Radikalität des Denkens und der Überzeugungen erkennen ließ, die viele erschreckte. Aber schließlich verständigten sich Friedrich Wilhelm IV. und sein neuer leitender Minister Otto von Manteuffel darauf, Bismarck zum Gesandten beim wiederhergestellten Deutschen Bundestag in Frankfurt am Main zu bestellen.

Das war ein gewaltiger Sprung, auch ein Zeichen dafür, wie grundlegend sich die Verhältnisse trotz des Sieges der Mächte der alten Ordnung über die Revolution geändert hatten. Seit langem waren die hohen Stellen in Verwaltung und Diplomatie in den großen monarchischen Staaten fast nur noch mit Karrierebeamten besetzt worden, und auch bei der Wahl der Minister war man gemeinhin davon ausgegangen, daß der Betreffende über eine entsprechende Ausbildung und langjährige einschlägige Erfahrungen verfügen müsse. »Dieser Landwehrleutnant soll Bundestagsgesandter werden?« kommentierte denn auch der Bruder des Königs, der spätere Wilhelm I., die Nachricht. Und auch Ludwig von Gerlach war sich, so sehr er Bismarck favorisierte, nicht ganz sicher, ob man der eigenen Sache nicht schade, wenn man die Ämterpatronage durch so »violente Beförderungen« zu weit treibe und einen Mann zum Bundestagsgesandten mache, »dessen amtliche Lebensstellung bisher nur die eines verdorbenen Regierungsreferendars war«. Was blieb vom »Staat über den Parteien«, über den gesellschaftlichen Kräften übrig, den man angeblich gegen die Revolution, gegen die Machtansprüche einer sich neu formierenden Gesellschaft verteidigt hatte, wenn das Beispiel Schule machte? War der junge Mann der äußersten Rechten gar eine Art Trojanisches Pferd, jemand, mit dem sich unter dem Schleier ihrer Verteidigung der Umsturz aller bestehenden Verhältnisse in ganz unerwarteter Form Bahn brach?

Zu solchen Überlegungen sollte der Mann, der jetzt zu einer der ins Gewicht fallenden Figuren der preußischen Diplomatie und Politik geworden war, noch des öfteren Anlaß geben, und die Faszination, die von seiner Person bis heute ausgeht, beruht nicht zuletzt auf diesem Element. In Frankfurt allerdings, wo er im Mai 1851, zunächst als Legationsrat unter der Ägide eines älteren Diplomaten, des fast siebzigjährigen Generalleutnants Theodor von Rochow, sein Amt antrat, hob zwar auch mancher etwas die Brauen über den jungen und auf diesem Feld noch ganz unerfahrenen Mann. Aber im allgemeinen wurde seine Berufung als Rückkehr zu den Grundsätzen der Zeit vor 1848 auch auf dem Gebiet der Bundespolitik verstanden, also zu einer Politik des Ausgleichs mit Österreich auf der Basis gemeinsamer konservativer Grundsätze, der Frontbildung gegen die nationale und liberale Bewegung und der Einbindung des Bundes in das System der drei konservativen Ostmächte. Das galt auch für die europäischen Kabinette mit dem Zusatz, die Jugend und Unerfahrenheit des neuen Mannes symbolisiere die untergeordnete Rolle, die Preußen nach dem Scheitern der Unionspolitik und nach Olmütz im Konzert der europäischen Mächte spiele. Manche bestritten damals Preußen sogar den Großmachtcharakter.

Bismarck hat das sehr deutlich gespürt, nicht zuletzt an der freundlich-herablassenden Art, mit der ihn, den märkischen Junker, der österreichische Präsidialgesandte Graf Thun-Hohenstein, ein wohlhabender Karrierediplomat aus reichsgräflichem Hause, behandelte. So gingen persönliche Elemente und der Wille, die angefochtene Großmachtstellung Preußens nachdrücklich geltend zu machen und zu behaupten, Hand in Hand in Bismarcks Auftreten und in seiner praktischen Politik, die binnen kurzem eine entschieden antiösterreichische Färbung annahm. »Ich war gewiß kein prinzipieller Gegner Österreichs, als ich herkam, vor vier Jahren«, schrieb er 1855 an seinen Außenminister Manteuffel, »aber ich hätte jeden Tropfen preußischen Bluts verleugnen müssen, wenn ich mir eine auch nur mäßige Vorliebe für das Österreich, wie seine gegenwärtigen Machthaber es verstehen, hätte bewahren wollen.«

Sicher gab es von Anfang an eine Reihe von schwierigen Problemen: die Liquidierung des Erbes der Revolution in Schleswig-Holstein, in Kurhessen, hinsichtlich der Bundesflotte, die Frage des künftigen Verhältnisses des von Preußen geführten Zollvereins zu Österreich, die Aufgabe der Normalisierung der Beziehungen im Bund nach den Konfrontationen der Vergangenheit und nach Olmütz, nicht zuletzt die Abstimmung des politischen Verhaltens auf der europäischen Ebene. Aber zumindest in dem einen oder anderen Fall wäre doch wohl ein Ausgleich und damit vielleicht eine stärkere Annäherung möglich gewesen. Bismarck ging jedoch praktisch von Anfang an auf Konfrontationskurs, auch wenn er das gegenüber seinen hochkonservativen Freunden und Protektoren in Berlin, die im Interesse der bestehenden Ordnung und der konservativen Idee auf eine Verständigung mit Österreich setzten, zunächst zu verschleiern versuchte. »Die einzige gesunde Grundlage eines großen Staates ... ist der staatliche Egoismus und nicht die Romantik«, hatte Bismarck nach Olmütz erklärt. Damals war das gegen die Liberalen gerichtet gewesen, jetzt traf es die Konservativen, deren Leitidee einer überstaatlichen Solidarität der Throne und der adligen Führungsschichten zur Erhaltung des Bestehenden Bismarck als hoffnungslos romantisch galt, als Leitseil, mit dem Österreich Preußen vor seinen Karren zu spannen versuchte. Auch dafür galt sein kühles Verdikt: »Es ist eines großen Staates nicht würdig, für eine Sache zu streiten, die nicht seinem eigenen Interesse angehört.«

Er, Bismarck, war jedenfalls nicht »romantisch«, und keiner sollte sich darüber einem Zweifel hingeben. Bei nächster sich bietender Gelegenheit hat er das seinem Partner oder besser gesagt Gegenspieler, dem österreichischen Präsidialgesandten, unverblümt klargemacht – mit jener Unverblümtheit, die fortan auch auf dem diplomatischen Feld gewissermaßen sein Markenzeichen werden sollte und die doch lange Zeit als besonders geschickte Verschleierung seiner wahren Absichten galt.

Eine solche Gelegenheit bot sich ihm Ende November 1851, als Thun ein Gespräch über das künftige Verhältnis zwischen Österreich und dem Zollverein zum Anlaß nahm, sich etwas grundsätzlicher über die Beziehungen zwischen Preußen und der Habsburger Monarchie im Rahmen des Deutschen Bundes und im Hinblick auf Deutschland und die deutsche Frage auszulassen. »Ein überwiegender Einfluß Österreichs in Deutschland liege«, so faßte Bismarck in seinem Bericht die Äußerungen Thuns zusammen, »in der Natur der Dinge, solange Österreich ohne Selbstsucht sich Deutschland hingebe; breche es die letztere Bedingung, so werde Preußen an Österreichs Stelle treten, halte es jene Bedingung, so sei Preußens Aufgabe eine gleiche, mit Österreich gemeinsame Hingabe für die Interessen der Gesamtheit.«

Das war ein Aufruf zur Zusammenarbeit, wenn auch unter Vorrangstellung Österreichs, also unter den Bedingungen, wie sie von 1815 bis 1848, in der Zeit Metternichs, bestanden und die Funktionsfähigkeit des Bundes, zumindest in Grenzen, garantiert hatten. Sie waren jedenfalls der konservativen Sache dienlich gewesen, auf die Thun sich wie Bismarck mit Selbstverständlichkeit verpflichtet sah. Bismarcks spöttischer Kommentar aber lautete: »Er sprach wie Posa und entwickelte großdeutsche Schwärmerei.« – »Ich vervollständigte seinen Ideengang dahin«, fuhr Bismarck ironisch fort, »daß die Existenz Preußens, und noch weiter der Reformation, ein bedauerliches Faktum sei, wir beide könnten es aber nicht ändern und müßten nach Tatsachen, aber nicht nach Idealen rechnen.« Und dann mit aller Härte, seine eigene Politik bis 1866 vorwegnehmend: »Ein Preußen, welches, wie er sich ausdrückte, ›der Erbschaft Friedrichs des Großen entsagte‹, um sich seiner wahren providentiellen Bestimmung als Reichs-Erz-Kämmerer hingeben zu können, bestehe in Europa nicht, und ehe ich zu einer derartigen Politik zu Hause riete, würde die Entscheidung durch den Degen vorgehen müssen.«

Bis 1866 und dann wieder nach 1871 und vor allem nach 1879, nach Abschluß des Zweibundes zwischen der nunmehrigen österreichisch-ungarischen Doppelmonarchie und dem 1871 gegründeten Deutschen Reich, hat Bismarck immer wieder den Eindruck zu erwecken versucht, es wären andere Wege nicht nur denkbar, sondern auch beschreitbar gewesen. Das ist sicher nicht falsch, und in Alternativen zu denken, vor allem auch seinen jeweiligen Mit- und Gegenspieler mit Alternativen zu locken, gehört zu den Charakteristika des Politikers Bismarck. Aber es besteht doch kein Zweifel, daß er von früh an entschlossen war, alles in seinen Kräften Stehende zu tun, um dazu beizutragen, das Verhältnis zwischen Österreich und Preußen, wie er es zu Beginn seiner diplomatischen Laufbahn vorfand und wie es in Vertrag und Praxis des Deutschen Bundes fixiert war, zugunsten Preußens zu ändern, und zwar nicht nur graduell, sondern in entscheidender

Weise. Und da eine Großmacht eine solche Änderung zu ihrem Nachteil nach aller historischen Erfahrung nicht widerstands- und kampflos hinzunehmen pflegt, mußte er bei einer solchen Politik einen militärischen Konflikt von vornherein einkalkulieren und tat dies auch.

Bis dahin war es allerdings noch ein weiter Weg, auch was seine eigene Stellung und seinen Einfluß auf die letzten Entscheidungen anging. Es ist jedoch höchst bezeichnend, daß er seine Rolle von Anfang an anders sah, als sie ihm sein Amt und seine Position an sich zuwiesen. Was er später keinem seiner Botschafter und Gesandten je zugebilligt hätte, nahm er in Frankfurt fast vom ersten Augenblick an ohne weiteres für sich in Anspruch: nicht nur als engster Ratgeber, sondern auch als Mitentscheidungsträger seiner heimischen Regierung aufzutreten und zu wirken, sozusagen als ein Nebenaußenminister. Auch in seiner amtlichen Funktion ließ er niemanden darüber im Zweifel, daß er als einer der führenden Köpfe der konservativen Partei, einer der Retter der Monarchie durch planmäßige Organisation und parlamentarische Vertretung ihrer Anhängerschaft, weit über allen normalen Diplomaten stehe.

So wurde er für seinen Außenminister, den Ministerpräsidenten Otto von Manteuffel, selber immer wieder zu einem Problem. Und auch seine väterlichen Freunde und Protektoren, die Brüder Gerlach, merkten schon bald, wie er ihrer Führung und Leitung mehr und mehr entglitt. »Ich will aber Musik machen, wie ich sie für gut erkenne, oder gar keine«, dieser im jugendlichen Überschwang formulierte Satz wurde jetzt mehr und mehr zu einem Leitmotiv seines Handelns. Die Alternative, die sich daraus ergab, lautete schon bald: alles oder nichts, die ganze Macht oder völliger Rückzug und Resignation. Kein Wunder, daß er seiner Umwelt und vielen seiner politischen Freunde in seiner verzehrenden politischen Leidenschaft, in seinem Drang zur Macht und zu entscheidendem Einfluß unheimlich wurde.

Während die meisten seiner Frankfurter Kollegen in der Windstille der Reaktionszeit ihr Leben genossen, war Bismarck unablässig tätig. Er arbeitete sich unter Anleitung des zuständigen Ministerialdirektors, Rudolf Delbrück, des späteren Leiters des Reichskanzleramtes, in die schwierige Zollvereinsmaterie ein, in dem Bewußtsein, daß die Zoll-, Wirtschafts- und Handelspolitik einen entscheidenden Hebel der Außenpolitik, insbesondere in der deutschen Frage und im Verhältnis zu Österreich bilde. Er bereiste die benachbarten Höfe, lernte dort die Situation und die entscheidenden Persönlichkeiten im einzelnen kennen, fuhr mehrmals nach Paris, das sich in den 1850er Jahren immer mehr zum Vorort Europas entwickelte, und verfolgte bis ins Detail die Entwicklungen in allen Teilen des Kontinents. Er bombardierte seinen Außenminister mit einer wahren Flut von Berichten, verfaßte Denkschrift um Denkschrift – von denen eine mit dem durchaus untertreibenden Titel »Einige Bemerkungen über Preußens Stellung am Bunde« in der Zentrale den spöttischen Beinamen »Das kleine Buch des Herrn von Bismarck« erhielt – und unterhielt einen Briefwechsel, der allein schon die Arbeitskraft der meisten seiner Kollegen voll in Anspruch genommen hätte.

Das unmittelbare Ergebnis dieser rastlosen Tätigkeit war eher bescheiden. Große Entscheidungen standen in der Zeit seiner Frankfurter Tätigkeit, also von 1851 bis zum Frühjahr 1859, kaum an. Der Kleinkrieg mit Österreich änderte nichts an den bestehenden Machtverhältnissen. Und wenn Preußen am Ende seiner Amtszeit wieder sehr viel besser dastand als am Anfang, war das nur zum geringsten Teil das Ergebnis der preußischen Politik, die, wie Bismarck immer wieder und mit wachsendem Ärger und wachsender Ungeduld betonte, ängstlich, unentschieden und seltsam ziellos blieb. Die preußische Regierung verdankte die für sie positive Entwicklung vor allem der Tatsache, daß sich Österreich in dem Konflikt zwischen Rußland und den Westmächten, der sich seit 1853 im sogenannten Krimkrieg entlud, zwischen alle Stühle setzte, während die preußische Neutralität als Ausdruck der Schwäche des Landes von beiden Seiten hingenommen wurde und Frankreich dann sogar um Preußen als mitteleuropäischen Juniorpartner bei der sich abzeichnenden Auseinandersetzung mit Habsburg warb. Hinzu kam, daß das Berliner Ministerium mit dem Zollverein in einer Zeit der stürmischen wirtschaftlichen Entwicklung und der nun in Mitteleuropa voll einsetzenden industriellen Revolution auch außenpolitisch und in der deutschen Frage einen Trumpf in der Hand hatte, dessen Bedeutung sich immer mehr steigerte. Gebrauch machte Berlin von diesem Trumpf allerdings zunächst kaum.

So waren die Frankfurter Jahre letztlich Lehrjahre, die Vorbereitung auf das Folgende, eine Zeit auch wachsender Ungeduld und Unruhe, so sehr sie im privaten Bereich, im Kreise seiner rasch wachsenden Familie und im Zusammenleben mit seiner Frau, zu der das Verhältnis immer enger und lebensbestimmender wurde, im Verkehr mit Freunden und Bekannten, in Verbindung zu Künstlern und Menschen aus ganz anderen Lebensverhältnissen als den bisher gewohnten zu den glücklichsten seines Lebens gehörten. Am Ende dieser Frankfurter Jahre war es freilich ganz ungewiß geworden, ob man sie einst als Lehrjahre, als Jahre der Vorbereitung würde bezeichnen können: In Preußen war die Position der konservativen Partei, die Position seiner Gönner in der sogenannten Kamarilla um die Brüder Gerlach, mit dem endgültigen Durchbruch der Geisteskrankheit Friedrich Wilhelms IV. weitgehend zusammengebrochen. Der Thronfolger, Prinz Wilhelm, Friedrich Wilhelms jüngerer Bruder, hatte als Prinzregent einen völlig neuen politischen Kurs eingeschlagen. Er zielte, so schien es, im Bündnis mit dem entsprechend eingestellten Teil des preußischen Adels auf einen Ausgleich mit den Liberalen und mit der nationalen Bewegung und versprach den Beginn einer »Neuen Ära« in Preußen einzuleiten, wie die liberalen Zeitungen optimistisch verkündeten. Für einen Mann wie Bismarck war da kein Platz mehr, jedenfalls nicht an einer für die Zukunft so entscheidenden Stelle, wie es die des preußischen Bundestagsgesandten war. Im Frühjahr 1859 wurde Bismarck aus Frankfurt abberufen und auf den Gesandtenposten in Petersburg versetzt; am 1. April, seinem Geburtstag, überreichte er dem Zaren sein Beglaubigungsschreiben.

In den Kategorien des Karrierediplomaten gedacht, war das eine Beförderung: Der Platz in Petersburg galt traditionsgemäß als der erste und wichtigste der preußischen Diplomatie. Bismarck aber empfand die Versetzung als »Kaltstellung«, und das war sie fraglos auch. England, Frankreich, Österreich, Italien, der Deutsche Bund – da lagen im Augenblick die entscheidenden Schnittpunkte der Politik, zumal einer Politik, die wie diejenige des Prinzregenten und seiner Regierung wieder Bewegung in die »deutsche Frage« bringen wollte, nicht zuletzt durch das, was der Prinzregent in einer Ansprache an das neue Ministerium Anfang November 1858 »moralische Eroberungen« genannt hatte, sprich eine die Hoffnungen auf Preußen ziehende Innenpolitik im Sinne der liberalen und nationalen Bewegung. Rußland hingegen hatte sich nach seiner Niederlage im Krimkrieg weitgehend auf sich selbst zurückgezogen. Es war mit der Vorbereitung von inneren Reformen beschäftigt, die den Modernisierungsvorsprung des westlichen und mittleren Europa aufzuholen helfen sollten. Außenpolitisch richtete es zudem im Moment seine Blicke weniger auf den europäischen als auf den asiatischen Raum – die Gründung Wladiwostoks im Jahre 1860, der Stadt mit dem Namen »Beherrsche den Osten«, war dafür von geradezu symbolischer Bedeutung.

Bismarck befand sich also, wie er selber es genannt hat, in einem »ehrenvollen Exil«, fern von den Initiativen und Entscheidungen – man war im Vorfeld des französisch-italienisch-österreichischen Krieges um die Zukunft Italiens –, die ihn brennend interessierten und die ihm für Preußen die größten Perspektiven zu eröffnen schienen. »Die gegenwärtige Lage«, schrieb er Anfang Mai 1859 an Gustav von Alvensleben, den Generaladjutanten des Prinzregenten, »hat wieder einmal das große Los für uns im Topf, falls wir den Krieg Österreichs mit Frankreich sich scharf einfressen lassen, und dann mit unseren ganzen Armeen nach Süden aufbrechen, die Grenzpfähle im Tornister mitnehmen und sie entweder am Bodensee oder da, wo das protestantische Bekenntnis aufhört vorzuwiegen, wieder einschlagen.« Im gleichen Geiste und nicht weniger martialisch äußerte er sich am 12. Mai gegenüber dem Grafen Schleinitz: »Ich sehe in unserem Bundesverhältnis ein Gebrechen Preußens, welches wir früher oder später ferro et igni werden heilen müssen, wenn wir nicht beizeiten in günstiger Jahreszeit eine Kur dagegen vornehmen.«

Eine Politik der »moralischen Eroberungen« war das gerade nicht, die Bismarck hier vorschlug, und ein diametralerer Gegensatz zu den Sätzen war kaum denkbar, mit denen der Prinzregent ein halbes Jahr zuvor seine Ansprache an das Staatsministerium beendet hatte. »Die Welt muß wissen«, so hatte es hier geheißen, »daß Preußen überall das Recht zu schützen bereit ist. Ein festes, konsequentes und, wenn es sein muß, energisches Verhalten in der Politik, gepaart mit Klugheit und Besonnenheit, muß Preußen das politische Ansehen und die Machtstellung verschaffen, die es durch seine materielle Macht allein nicht zu erreichen imstande ist.«

Kein Wunder, daß die Flut von Briefen und Denkschriften, mit der Bismarck auch von Petersburg aus die verschiedensten Adressaten in der Zentrale überschüttete, hier kaum ein Echo fand, fast ungelesen zu den Akten gelegt wurde. Es blieb der Monolog eines Außenseiters, der den Entscheidungen ganz fernstand und von ihnen auch konsequent ferngehalten wurde. Er selber sprach einmal ebenso nüchtern wie drastisch von dem »Bedürfnis des Gedankenstuhlgangs«, das ihn, ohne große Erwartungen, etwas zu bewirken, in diesen Monaten bewegt habe. Kühn, zukunftsweisend, perspektivenreich war das meiste, das er zu Papier brachte, mit außerordentlichem Scharfsinn für das, was in der jeweiligen Situation und Konstellation steckte, vielfach auch radikal zugespitzt, um vielleicht doch einen Widerhall zu finden, die Aufmerksamkeit auf sich zu ziehen. Aber es war eben nur »Gedankenpolitik«.

Lange freilich ließ sich das bei einer so auf den Erfolg, auf aktives Handeln, auf Selbstbestätigung ausgerichteten Natur nicht durchhalten. Schon bald mischten sich denn auch Elemente der Resignation in seine Äußerungen. »Ich müßte die Dauer und den Wert dieses Lebens sonderbar überschätzen«, heißt es in einem Brief an Leopold von Gerlach von Anfang Mai 1860, »wenn ich mir nicht gegenwärtig halten wollte, daß es nach dreißig Jahren, und vielleicht sehr viel früher, ohne alle Bedeutung für mich ist, welche politischen Erfolge ich oder mein Vaterland« – die Reihenfolge ist bezeichnend – »in Europa erreicht haben.« Oder: »Ich habe vom 23. bis 32. Jahr auf dem Lande gelebt und werde die Sehnsucht, dahin zurückzukehren, nie aus den Adern los, nur mit halbem Herzen bin ich bei der Politik.«

Das Gegenteil war der Fall. Er verzehrte sich förmlich. Krankheiten bis hin zu einer zeitweise lebensbedrohenden Lungenentzündung häuften sich; vom Spätherbst 1859 bis zum Juni 1860 war er überhaupt nicht auf seinem Petersburger Posten. Er sprach von einem förmlichen »Bankrott seiner privaten Nerven« und glaubte, auch physisch am Ende zu sein.

Dann aber gewann er doch wieder neue Hoffnung bei dem Gedanken, daß die inneren Widersprüche des Regimes der »Neuen Ära«, nicht zuletzt im Hinblick auf die Außenpolitik, vor allem auf die deutsche Frage, zu groß seien, um auf Dauer überbrückt werden zu können. Früher und klarer als viele andere sah er, daß das Bündnis des neuen Monarchen mit den Liberalen wesentlich instrumentellen Charakter hatte, daß der Prinzregent, wenn er von einer Steigerung der inneren und äußeren Machtstellung Preußens durch »moralische Eroberungen« und eine rechtswahrende Politik sprach, in erster Linie die Steigerung der Machtstellung der Krone im Auge hatte. Wenn deutlich werden würde, daß der liberale Partner eben das nicht meinte und wollte, dann, so Bismarck, würde eine Krise wohl unvermeidlich sein, würden die Karten ganz neu gemischt und verteilt werden.

Eine solche Krise kam rascher, als selbst er erwartet hatte. Macht, das hieß für einen nachgeborenen, in der Armee aufgewachsenen – und ursprünglich ja gar nicht für die Thronfolge bestimmten – Prinzen aus dem königlichen Hause in erster Linie militärische Macht, eine schlagkräftige, hochdisziplinierte und auf den obersten Kriegsherrn, sprich den Monarchen, eingeschworene Armee, wie sie Preußen seit dem 17. Jahrhundert, bei schwachen Ressourcen und vergleichsweise schmaler territorialer Basis, groß gemacht hatte, zu einer europäischen Großmacht hatte werden lassen. Und damit stand es nach weitverbreiteter Ansicht in militärischen Kreisen – und nicht nur in ihnen – im Augenblick schlecht. Ein immer kleinerer Teil der rasch wachsenden preußischen Bevölkerung wurde überhaupt eingezogen, und die Reduktion der ursprünglich dreijährigen auf eine nur noch zweijährige Dienstzeit hatte auf Dauer auch keine Besserung gebracht, im Gegenteil, nach Meinung vieler Militärs noch zusätzlich den Ausbildungsstandard und -stand gesenkt. Schaffung neuer Kader, Einbeziehung der jüngeren Jahrgänge der sogenannten Landwehr, einer milizähnlichen Reservearmee, in die Linie, das aktive Feldheer, und die Wiedereinführung der dreijährigen Dienstzeit – von dieser Grundlage her sollte nach Ansicht vieler militärischer Fachleute einschließlich des Prinzregenten das preußische Heer reformiert werden. Gleichzeitig stand für sie außer Frage, daß das Heer ein Königsheer bleiben, ja, daß die Bindung an und die Ausrichtung auf die Krone noch verstärkt werden müsse. Daß der König ein solches gestärktes Heer eines Tages als gewaltigen Machtfaktor zugunsten einer Lösung der deutschen Frage in die Waagschale werfen würde, war das Versprechen, das in der Berufung des Ministeriums der »Neuen Ära« und der Formulierung ihres Regierungsprogramms steckte.

Ein großer Teil der Liberalen glaubte an ein solches Versprechen, und man gab hier auch durchaus zu, daß das Heer reformbedürftig sei. Aber man wollte mitsprechen, die nötigen Mittel nicht blanko bewilligen und vor allem nicht zulassen, daß es von der Heeresverfassung, von der Ausrichtung des Heeres, von den Kommandostrukturen her keine Sicherungen gegen einen Mißbrauch des Heeres in einem neoabsolutistischen, antiparlamentarischen und antiliberalen Sinne geben sollte – schließlich war es gerade zehn Jahre her, daß die Revolution, auch ihre gemäßigten Kräfte, vor allem von preußischen Truppen niedergeschlagen worden war. Der Prinzregent aber erklärte von allem Anfang an, das sei die Probe aufs Exempel für die Zusammenarbeit. Wenn man ihm auf diesem Feld nicht folge, sei das ganze Experiment vom Scheitern bedroht, ja, im Kern schon gescheitert.

Davor sind viele der Liberalen, die inzwischen bei Neuwahlen die parlamentarische Mehrheit erlangt hatten – die Position der Konservativen brach fast völlig zusammen –, zurückgeschreckt. Sie suchten nach Kompromissen, die bis an die Grenze dessen gingen, was mit ihren Prinzipien vereinbar schien. Der Prinzregent seinerseits aber war zu keinem Kompromiß bereit. Mit seinem Einverständnis schuf der im Dezember 1858 neu berufene Kriegsminister von Roon im Gegenteil vollendete Tatsachen, indem er mit Hilfe provisorisch bewilligter Gelder neue Kader, also neue Truppeneinheiten aufstellte. Als diese bei der Krönung des Prinzregenten in Königsberg am 10. Oktober 1861 mit ihren neuen Fahnen demonstrativ in den ersten Reihen erschienen und die Vertreter des Parlaments, von denen der neue König Wilhelm I. nun gern als von »Beratern der Krone« sprach, bewußt im Hintergrund plaziert wurden, war der Konflikt symbolisch offengelegt.

Vier Monate zuvor war die Deutsche Fortschrittspartei ins Leben gerufen worden, die die Politik der Zurückhaltung und weitgehender Kompromißbereitschaft von liberaler Seite ihrerseits endgültig aufgegeben hatte. Sie wurde bei den nachfolgenden Wahlen Anfang Dezember 1861, sechs Wochen nach der Krönung, auf Anhieb stärkste Fraktion in einem Parlament, in dem die Liberalen der verschiedenen Schattierungen fast drei Viertel der Sitze einnahmen.

Da sich diese Mehrheit nunmehr endgültig weigerte, die für die Heeresreform geforderten Mittel zu bewilligen, im Gegenteil verlangte, die bereits getroffenen Maßnahmen zurückzunehmen, zumindest aber neu über sie zu verhandeln, der König und Roon hingegen starr auf ihrer Position beharrten, wurde der Heereskonflikt definitiv zum Verfassungskonflikt. Es gehe, verkündeten die Scharfmacher auf beiden Seiten, vor allem aber auf seiten der politisch ganz in die Enge gedrängten Konservativen, nicht mehr um einzelne Sachfragen, sondern um Königs- oder Parlamentsherrschaft. Wenn die Krone jetzt nachgebe, werde sie in Zukunft nur noch ein Schattendasein nach Art der englischen Monarchie führen.

Bismarck verfolgte diese ganze Entwicklung natürlich nicht nur mit höchstem Interesse, sondern auch mit ständig steigenden Erwartungen. Er wußte, daß er in konservativen Kreisen, insbesondere auch von dem einflußreichen Kriegsminister von Roon, zunehmend als Retter in der Not gehandelt wurde. Allerdings war er viel zu sehr Machtmensch und scharfsichtiger Realist, als daß er nicht auch gesehen hätte, daß das Schiff, das er zu besteigen hoffte, sich zwischen Skylla und Charybdis bewegte. Eine im Abgeordnetenhaus nicht einmal mehr Fraktionsstärke erreichende konservative Partei, eine kleiner werdende Gruppe bei Hof, durchaus nicht die ganze Armeeführung, einige wenige Minister und der vage Hinweis auf eine im Kern königstreue und konservative Bevölkerung – das mochte auf Dauer selbst einem von seinem Recht und seiner Aufgabe so überzeugten Monarchen wie dem schon über sechzigjährigen Wilhelm I. zu wenig erscheinen, um sich zu behaupten. Und andererseits bestand, je mehr sich der Konflikt festfraß und die Positionen sich verhärteten, in wachsendem Maße die Gefahr, daß er, Bismarck, schließlich, in die entscheidende Position, also in das Amt des leitenden Ministers, berufen, keinerlei Spielraum mehr besitzen und der Gefangene seiner Ausgangsposition bleiben würde. So hat er sich, so sehr er nach außen den starken Mann herauskehrte, der, notfalls mit sehr ungewöhnlichen Mitteln, einen Ausweg im Sinne der Rechte der Krone und der Interessen der Konservativen finden beziehungsweise schaffen werde, gleichzeitig mit Nachdruck darum bemüht, daß nicht alles Porzellan zerschlagen wurde, von dem er selber in naher Zukunft zu essen hoffte.

Das galt vor allem für die deutsche Frage. In einer großen, dann noch weiter ausgearbeiteten Denkschrift vom Sommer 1861, der sogenannten Baden-Badener Denkschrift, wies er zwar scheinbar nachdrücklich alle liberalen Bundesreformpläne zurück und beharrte auch hier entschieden auf dem »monarchischen Prinzip«, der unbedingten Vorrangstellung der Monarchen und ihrer Regierungen. Im Kern aber gingen Bismarcks Vorschläge von einem engen Zusammengehen mit der nationalen Bewegung aus; in diesem Sinne hatte er schon 1859 dem ehemaligen Demokratenführer Hans Viktor von Unruh zu dessen größter Überraschung erklärt, es gebe nur einen wirklichen Bundesgenossen für Preußen und die Politik, die zu verfolgen nach seiner Meinung Preußens geschichtliche Aufgabe sei: »das deutsche Volk«.

Auch innenpolitisch verwarf Bismarck, trotz aller markigen Worte, eine Politik des Staatsstreichs und der Rückkehr zu einem System des Neoabsolutismus. Hier wie dort hatte er seine eigenen Ideen, wie man voran und zum Erfolg kommen könne. Vieles daran war freilich, wie sich schon bald zeigen sollte, zunächst jedenfalls ganz illusionär. Aber wahrscheinlich konnte in dieser Situation der Weg zur Macht nur mit Illusionen gepflastert sein – alles andere hätte wohl selbst einen Mann dieses Ehrgeizes und dieses Machtwillens resignieren lassen.

Den ganzen Winter und das ganze Frühjahr nach seiner Krönung und der Neuwahl des Abgeordnetenhauses hatte Wilhelm I. laviert, hatte Druck auszuüben, die Stimmung zu seinen Gunsten zu verändern versucht. Die Neuwahlen nach einer abermaligen Parlamentsauflösung im März 1862 hatten jedoch gezeigt, daß der Wind sich eher noch stärker gegen ihn und seine Politik gedreht hatte: Trotz massiver Wahlbeeinflussung sank die Zahl der konservativen Abgeordneten noch weiter ab. Keiner der kandidierenden Minister der im März im konservativen Sinne umgebildeten Regierung wurde gewählt. Die noch kompromißbereiten Gruppen der Liberalen verloren zugunsten der abermals stark anwachsenden Fortschrittspartei. Nun, im Mai 1862, führte der preußische König erstmals sondierende Gespräche mit dem aus Petersburg herbeigerufenen Bismarck, gegen den er freilich starke persönliche und vor allem auch sachliche Vorbehalte hatte, in denen ihn insbesondere auch seine Frau, die Königin Augusta, nachhaltig bestärkte, die Bismarck geradezu haßte. Wilhelm ahnte, daß sein Petersburger Gesandter ganz andere, viel weitläufigere Pläne hatte als er, dem es vor allem um die Bewahrung des Bestehenden, seiner und der Krone Rechtsstellung ging. Und er spürte wohl auch, daß die Abwehr der Ansprüche des Parlaments mit der Etablierung eines neuen Richelieu erkauft werden würde.

So kam man, obwohl der Petersburger Gesandte im einzelnen manche Vorbehalte zu zerstreuen vermochte, letztlich doch nicht zusammen. Um der, wie Bismarck es formulierte, »geschmacklosen Situation eines Gesandten im Gasthof mit Hintertür-Intrigen gegen seinen Chef« ein Ende zu machen, wurde er schließlich auf sein Drängen hin, endlich klare Verhältnisse zu schaffen, zum

Gesandten in Paris ernannt. Es wurde ein bloßes Intermezzo, und Bismarck trat in ihm schon ganz als der kommende Mann auf. Er führte ausführliche Gespräche mit Napoleon III., die weit über das hinausgingen, was üblicherweise zwischen einem Staatschef und einem gewöhnlichen Botschafter verhandelt zu werden pflegt – als Regierungschef und Außenminister hätte Bismarck in einem vergleichbaren Fall den Diplomaten wahrscheinlich abberufen und nach Liechtenstein versetzt. Napoleon sei »ein eifriger Verfechter deutscher Einheitspläne, das heißt kleindeutscher, nur kein Österreich darin«, schrieb er an den Außenminister, in dem viele in Berlin – und nicht nur dort – nur noch seinen Statthalter sahen. Er sei bei diesem Gespräch »etwas in die Lage Josephs bei der Frau von Potiphar gekommen«: Napoleon habe »die unzüchtigsten Bündnisvorschläge auf der Zunge« gehabt – »wenn ich etwas entgegengekommen wäre, so hätte er sich deutlicher ausgesprochen«.

Unmittelbar nach dieser Unterredung fuhr er Anfang Juli nach London. Anlaß war die Weltausstellung, das Ziel aber waren auch hier politische Gespräche mit Vertretern jener Macht, von deren Haltung im Hinblick auf seine eigenen Pläne nächst Frankreich alles abhing. Er wurde sowohl von Lord Palmerston, dem Premierminister und langjährigen Leiter der britischen Außenpolitik, als auch von Earl Russell, dem Außenminister, empfangen, natürlich nicht als der neue Vertreter Preußens in Paris, sondern als der Mann, der möglicherweise binnen kurzem an der Spitze der preußischen Politik stehen würde. Auch hier hörte er vor allem zu – »einigermaßen überrascht«, wie er mit einem Seitenhieb auf die Anglophilen im eigenen Lande an den preußischen König schrieb, über den »Mangel an Verständnis« für »unsere heimischen Zustände«. Das gelte vor allem für Palmerston. »Derselbe betrachtet es als eine unausweichliche Notwendigkeit, daß E.K.M. allerhöchstdero Ministerium aus dem Schoße der oppositionellen Mehrheit des Abgeordnetenhauses wählten. Er kannte die preußische Verfassung nicht näher, leitete aber die Notwendigkeit, die Räte der Krone jedesmal aus der parlamentarischen Majorität zu wählen, aus dem Wesen der repräsentativen Verfassung im allgemeinen ab.« Schon von daher sei, sollte das heißen, gegenüber einem engen Zusammengehen mit England Skepsis geboten, wie es die Liberalen und die Vertreter der sogenannten Wochenblattpartei so nachdrücklich forderten. Wie sehr man in England alles durch eine ideologische Brille sehe, zeige auch Palmerstons Kommentar zu einer Bemerkung von ihm, Bismarck, über die offensive Haltung der preußischen Liberalen in der deutschen Frage. Er habe Palmerston dargelegt, »daß der Widerstand der Majorität in der Militärfrage schwinden und jeder geforderte Betrag für die Armee ohne Schwierigkeiten bewilligt werden würde, falls E.M. sich herablassen wollten, die Verwendung der Armee zur Unterstützung einer Politik im Sinne des Nationalvereins in Aussicht zu stellen«. Darauf Palmerston: Das sei eine »Entstellung der Tatsachen«, »welche ich mir im Interesse eines reaktionären Parteistandpunktes seiner Meinung nach gestattete«.

Was Bismarck den beiden englischen Ministern und dem konservativen Oppositionsführer Disraeli, den er ebenfalls sprach, über seine eigenen Ziele und Pläne für den Fall, daß er an die Spitze der preußischen Regierung treten würde, im einzelnen mitgeteilt hat, wissen wir nicht genau. Es spricht jedoch einiges dafür, daß er, wie auch im Falle Napoleons III., zu erkennen gegeben hat, daß er im Hinblick auf die Interessen Preußens und zur Abwehr äußerer Eingriffe zu Bündnissen vielfältiger und auch sehr überraschender Art bereit sein würde, man also in London wie in Paris gut daran tue, sich zurückzuhalten. Napoleons Kommentar dazu soll gelautet haben: »Ce n'est pas un homme sérieux – Der Mann ist nicht seriös«, Disraelis hingegen: »Paßt auf diesen Mann auf! Er meint, was er sagt – Take care of that man! He means what he says.«

Bis Mitte Juli 1862 wartete Bismarck noch in dem sommerheißen Paris, wie sich die Dinge in Berlin entwikkelten. Als klar war, daß dort vor der Sommerpause keine Entscheidung mehr fallen würde, brach er allein – seine Frau war in Pommern geblieben und wollte, wenn er dann noch Gesandter war, erst im Herbst mit den Kindern nach Paris übersiedeln – zu einer Urlaubsreise in den Süden auf. Mit vielen Unterbrechungen kam er, ganz Tourist, über Blois, Bordeaux, Bayonne und San Sebastian nach

Biarritz, wo er einen Badeurlaub begann. Hier traf am 7. August mit dem gleichen Vorhaben auch der russische Gesandte in Brüssel, Nikolai Orlow, mit seiner Frau ein. Bismarck kannte Orlow flüchtig von Petersburg her, und so ergab sich der Kontakt von selber. Es war der Anfang einer Romanze zwischen Bismarck und der erst zweiundzwanzigjährigen Katharina Orlow, einer Beziehung, die die Gemüter seither immer wieder und wohl über Gebühr beschäftigt hat.

Daß Bismarck sich sehr rasch in Katharina Orlow verliebt hat, steht außer Frage. Er ließ es selber in aller Unbefangenheit auch in den Briefen durchscheinen, die er zwei- bis dreimal in der Woche an seine Frau schrieb. Aber mehr als Verliebtheit war es nach allem, was wir wissen, kaum, die Bezauberung durch eine sehr junge, kluge und lebenslustige Frau, gesteigert durch die allgemeine und seine ganz persönliche Situation, die zeitweilige Befreiung von dem zuletzt fast unerträglich gewordenen Druck der politischen Entwicklung und seiner eigenen damit verbundenen Erwartungen. Daß sein Verhältnis zu Johanna dadurch erschüttert, gar in Frage gestellt worden wäre, davon kann keine Rede sein. Er genoß den Tag, die kurze Frist eines unbeschwerten Daseins, die Spannungen einer kaum ausgesprochenen Beziehung – und wußte vom ersten Augenblick an, daß das Ganze eine Episode bleiben würde, Tage in einem »paradise lost«, wie er es ein Jahr später in einem Brief an Katharina rückblickend nannte. Er verlängerte auf eigene Faust seinen Urlaub, brach am 1. September mit den Orlows zu einer Tour in die Pyrenäen auf bis hin zum Col de Vénasque mit seinem gewaltigen Rundblick weit nach Spanien hinein.

Daß das Leben neben der sperrigen, oft harten und nüchternen, sich den eigenen Wünschen und Erwartungen nicht selten verschließenden Wirklichkeit vielfältige Möglichkeiten, Perspektiven, Farben bereithielt, ist ihm hier, auf dieser Reise ins Unbekannte, ins Geratewohl noch einmal, in gewisser Weise zum letzten Mal, ganz deutlich geworden. Es hat ihn belebt, innerlich erfrischt, wohl auch zu mancherlei neuen Kombinationen angeregt. Ein Ausbrechen aber war es in keiner Beziehung. Er hatte, bevor er seine Reise begann, die Orte, wo ihn Mitteilungen postlagernd erreichen würden, genau bezeichnet und auch seine Urlaubsverlängerung vorsorglich schon angekündigt. Er war und blieb auf dem Sprung, und kaum aus den Pyrenäen zurückgekehrt, noch in Südfrankreich, in Toulouse, unternahm er einen genau berechneten Vorstoß.

Er müsse jetzt wissen, was sei, schrieb er an den Kriegsminister von Roon, der seine Berufung seit langem betrieben hatte, allerdings gelegentlich auch andere Lösungen ins Auge faßte. Das war nicht das Drängen eines ungeduldig werdenden Kandidaten, sondern ein sorgfältig überlegter und vorbereiteter Zug auf dem Schachbrett. Die öffentliche Meinung sei kurzatmig, hatte er vor Antritt seines Urlaubs mehrere Adressaten in Berlin wissen lassen. Es sei gut, zunächst noch abzuwarten und keine neuerliche Parlamentsauflösung und auch keine Kabinettsumbildung ins Auge zu fassen. »Je länger die Kammer sitzt und redet, desto günstiger stellt sich die Sache in der öffentlichen Meinung für die Krone.« Dann sei der Augenblick für entschlossenes Handeln gekommen, sprich für eine entsprechende Umgestaltung des Kabinetts mit einem neuen Mann, also mit ihm, an der Spitze. Dadurch könne eine ganz neue Situation entstehen – »besonders, wenn vorher etwas mit Redensarten von Oktroyieren und Staatsstreichen gerasselt wird«. Hier werde seine »alte Reputation von leichtfertiger Gewalttätigkeit« helfen. Man werde denken, »nanu geht's los«. »Dann«, so Bismarck siegessicher, »sind alle Zentralen und Halben zum Unterhandeln geneigt.«

Das war ein klares Konzept. Aber sehr realistisch war es, wie sich rasch zeigte, nicht – weder in der Analyse der Situation noch im Hinblick auf die Auswege, die es verhieß. In Berlin spitzten sich die Verhältnisse in ganz anderer Weise zu. Die Mehrheit der Minister, wohl sogar mit Einschluß Roons, riet angesichts des anhaltenden und weitgehend geschlossenen Widerstands der Kammer und der öffentlichen Meinung zum Einlenken. Der König seinerseits, der dazu in keiner Weise bereit war, begann zu resignieren. Er dachte ernsthaft an Abdankung zugunsten seines zum Kompromiß und zum Zusammengehen mit den Liberalen bereiten Sohnes Friedrich Wilhelm – er wurde dann erst sechsundzwanzig Jahre später für neunundneunzig Tage als Friedrich III. preußischer König und deutscher Kaiser.

Am Abend des 17. September 1862 entwarf Wilhelm I. nach einem schweren Zusammenstoß mit seinem Ministerium, das ihm nicht mehr zu folgen bereit war, den Text einer Abdankungsurkunde. Durch das Verhalten der Mehrheit der Abgeordneten, so hieß es darin, sei »ein Konflikt eingetreten, den Wir mit Unseren Pflichten gegen den Staat und mit den verfassungsmäßigen Bestimmungen nicht in Einklang zu bringen vermögen«. Um ihn »zu beseitigen«, wäre ein Bruch »mit den Grundsätzen Unseres eigenen Lebens« und mit »der glorreichen Geschichte und der Vergangenheit Unseres treuen Vaterlandes« nötig. Das aber könne und wolle er nicht.

»Periculum in mora. Dépéchez-vous« – Gefahr im Verzug. Beeilt euch, habe ihm Roon, so Bismarck, am folgenden Nachmittag telegraphiert und auf diese Weise das lange vereinbarte Stichwort für seinen Auftritt in Berlin gegeben. Als Retter in höchster Not sei er daraufhin am 20. September, nach fünfundzwanzigstündiger Bahnfahrt, in Berlin eingetroffen und habe hier binnen weniger Tage alles in jene Bahn gebracht, in der dann die Entwicklung unter seiner Führung über ein Menschenalter gelaufen sei. An dieser Darstellung in seinen Memoiren, den *Gedanken und Erinnerungen,* ist soviel richtig, daß es ganz wenige Beispiele in der neueren Geschichte, ja, in der uns bekannten Geschichte insgesamt gibt, wo durch das Eintreten eines bestimmten Mannes, allgemeiner formuliert, durch eine bestimmte Personalentscheidung der Gang der Dinge in so entscheidender und den bisher vorherrschenden Tendenzen widersprechender Weise verändert worden ist. Wenn der Historiker Heinrich von Treitschke einige Jahre später erklärte: »Männer machen die Geschichte«, so steckte darin in dieser Allgemeinheit eine sehr zweifelhafte Geschichtsphilosophie. Hier aber, in diesem speziellen Fall, ist die Rolle der Persönlichkeit innerhalb des historischen Prozesses, bei allen überindividuellen Faktoren, Bestimmungsgründen und Tendenzen, unübersehbar und mit ihr zugleich auch, was oft beiseite gelassen wird, das Element des Willkürlichen und – des Zufälligen, des Zusammenkommens von in dieser Form nicht vorausberechenbaren Umständen.

Denn davon, daß hier von Roon im entscheidenden Augenblick kühl das Stichwort gegeben worden sei, um Bismarck als Deus ex machina auf die Szene zu rufen, kann gar keine Rede sein. Schon zwei Tage vorher hatte ihm der Außenminister telegraphiert: »Der König genehmigt, daß Sie jetzt herkommen«, und ihm geraten, sich zu beeilen, »da seine Majestät bald wieder abreist«. Als sich dann in den nächsten zwei Tagen die Ereignisse überschlugen, der Monarch in, wie es schien, unheilbaren Gegensatz zu seinem Ministerium geriet und seine Abdankung unmittelbar ins Haus stand, brachte Roon eine Art Paniktelegramm auf den Weg. Und auch dann war nicht er es, sondern die Weigerung oder, besser gesagt, das Zögern des Kronprinzen, den Thron zu übernehmen, das Bismarck überhaupt noch eine Chance eröffnete, sich als Alternative zu präsentieren.

Der Kronprinz hatte den Vater davon zu überzeugen versucht, daß eine Abdankung zum gegenwärtigen Zeitpunkt schwerer wiege, dem Ansehen der Krone größeren Schaden zufüge als ein Einlenken und die Suche nach einem Kompromiß, zu dem auf der Gegenseite, wie er aus guter Quelle wisse, auch eine Reihe von Kräften bereit sei. Tief verbittert hatte Wilhelm I. aber auch hier nur das verhaßte Wort »einlenken« herausgehört und statt selbstverleugnender Loyalität auf seiten des Kronprinzen nur Schwäche und Verrat gesehen. So war er bereit, zumindest noch einmal ein Gespräch mit dem Mann zu führen, der ihm zwar, vor allem auch im Hinblick auf seine außenpolitischen Pläne, nach wie vor in vielem unheimlich war und vor dem ihn seine Frau gerade in jenen Tagen unter Hinweis auf angebliche hochverräterische Machenschaften Bismarcks im Jahre 1848 noch einmal mit größter Leidenschaft warnte, der aber nachgerade fast als einziger noch behauptete, einen Ausweg aus der Krise zu wissen, der nicht, wie er, Wilhelm, es sah, mit Niederlage oder Kapitulation verbunden war.

Am 22. September, einem Montag, wurde Bismarck in der Sommerresidenz in Babelsberg empfangen. »Mit dem ist es auch nichts, er ist ja schon bei meinem Sohn gewesen«, hatte Wilhelm I. am Tag zuvor Roon erklärt, als dieser ihn nach dem sonntäglichen Gottesdienst um die Audienz für Bismarck bat. Roon hatte ihn beruhigen können: Im Gegenteil, Bismarck habe es ausdrücklich abgelehnt, vor dem König mit dem Kronprinzen zu sprechen. Das war zugleich der Grundtenor, den Bismarck von seiner Seite aus dem ganzen Gespräch gab. Er orientiere sich nicht an der scheinbar aufgehenden Sonne, an der gegenwärtigen Zahl der Gegner und Freunde, an der öffentlichen Meinung und den augenblicklichen Mehrheitsverhältnissen. »Ich fühle wie ein kurbrandenburgischer Vasall, der seinen Lehnsherrn in Gefahr sieht. Was ich vermag, steht Euer Majestät zur Verfügung.«

Das war der Ton, den Wilhelm I. hören wollte, dessen er in dieser Situation, wo alle ihn verließen, förmlich bedurfte. Was zählten da die einzelnen Punkte, die er sich notiert hatte, um Bismarck zu binden und in bestimmter Richtung zu verpflichten. Nur zwei Fragen schienen nötig: ob Bismarck bereit sei, ohne Abstriche an der Heeresreform festzuhalten, und ob er dies auch gegen weitere Mehrheitsbeschlüsse des preußischen Abgeordnetenhauses tun werde. Zweimal, so Bismarck, habe er darauf ohne Umschweife mit »Ja« geantwortet. Darauf der König: »Dann ist es meine Pflicht, mit Ihnen die Weiterführung des Kampfes zu versuchen, und ich abdiziere nicht.«

Damit war Bismarck am Ziel. Wie er schon im Mai praktisch zur Bedingung gemacht hatte, wurde er nicht nur zum Ministerpräsidenten, sondern zugleich auch zum Außenminister ernannt. Vor allem aber: Außer dem Versprechen, unter allen Umständen an der Heeresreform festzuhalten, war er keinerlei Bindungen hinsichtlich seiner künftigen Politik eingegangen, weder im Inneren noch im Blick auf die auswärtigen Beziehungen und insbesondere die deutsche Frage. Bei einem anschließenden Spaziergang durch den Babelsberger Park habe der König seine diesbezüglichen Aufzeichnungen einfach zerrissen und ihm unter der von ihm, Bismarck, ausgegebenen Devise, es gehe »nicht um konservativ oder liberal in dieser oder jener Schattierung, sondern um königliches Regiment oder Parlamentsherrschaft«, politisch praktisch eine Blankovollmacht erteilt.

Ob der Monarch, ob Wilhelm I. das auch so sah, sei dahingestellt. Bismarck aber war davon überzeugt, nun, mochte die augenblickliche Situation auch noch so kompliziert und seine Basis noch so schmal sein, »Musik machen« zu können, »wie ich sie für gut erkenne«. Die Partitur dieser Musik hatte er im Kopf, und dem Reiz, mitspielen zu dürfen, würden sich seiner Meinung nach über kurz oder lang auch die augenblicklichen Gegner nicht entziehen können.

48 Bismarck als Abgeordneter des
ersten Vereinigten Landtages in Preußen (1847).
Lithographie von F. Wernecke

49 Kampf um die große Barrikade auf dem Alexanderplatz in Berlin in der Nacht vom 18. zum 19. März 1848. Lithographie von Anton Klaus. Dresden, Sächsische Landesbibliothek

50

51

50 Märzrevolution in Deutschland: Barrikaden am Cöllnischen Rathaus in Berlin. Lithographie von Ludwig Elsholtz (um 1850). Dresden, Sächsische Landesbibliothek
51 Barrikadenkampf in Berlin am 18. März 1848. Lithographie von Carl Becker. Dresden, Sächsische Landesbibliothek
52 Bilderbogen zu den revolutionären Ereignissen am 18./19. März 1848 in Berlin. Lithographie (1848). Berlin, Märkisches Museum

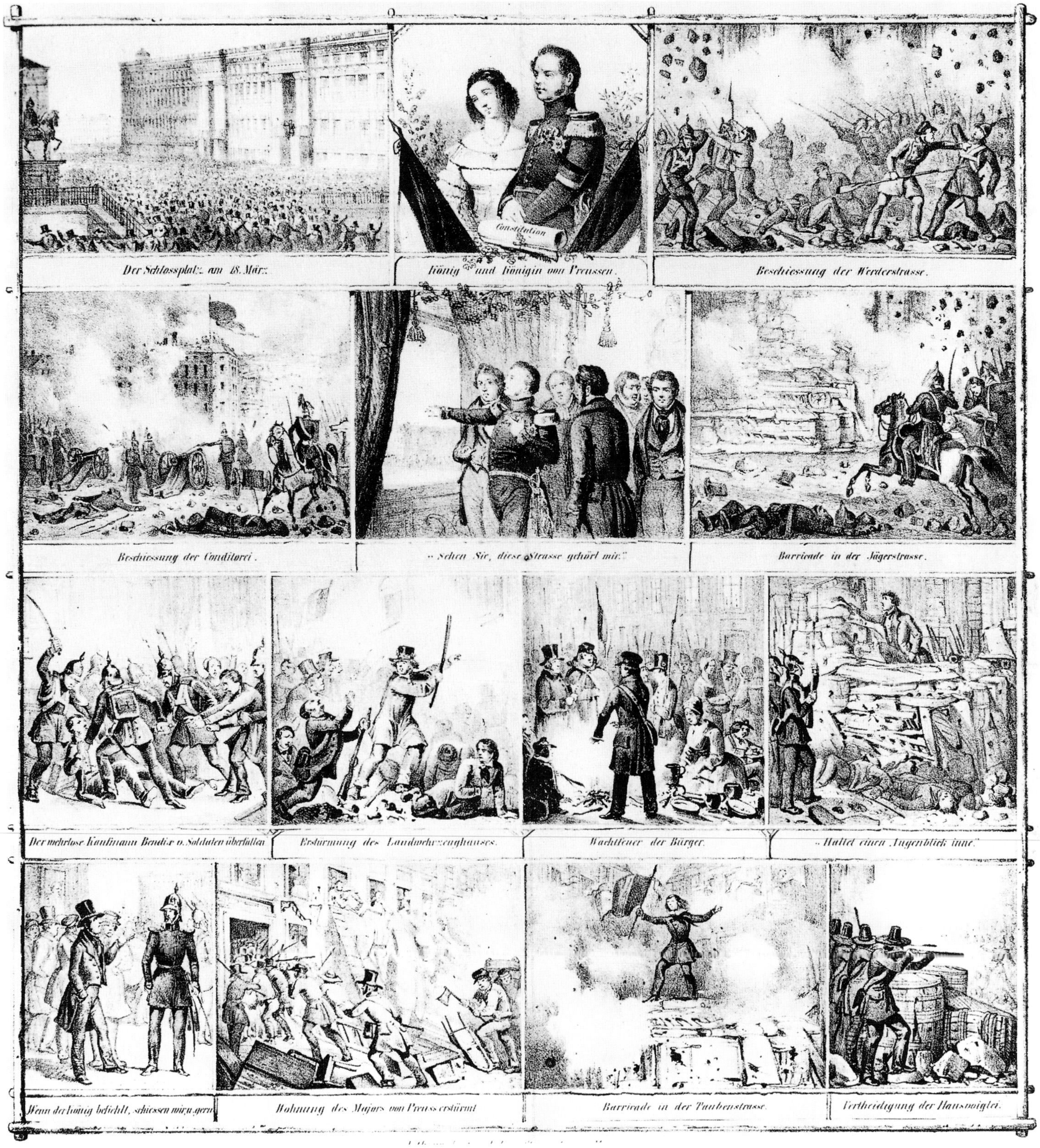
Der Schlossplatz am 18. März.
Constitution
König und Königin von Preussen.
Beschiessung der Werderstrasse.
Beschiessung der Conditorei.
„Sehen Sie, diese Strasse gehört mir.“
Barricade in der Jägerstrasse.
Der wehrlose Kaufmann Bendix v. Soldaten überfallen
Erstürmung des Landwehrzeughauses.
Wachtfeuer der Bürger.
„Haltet einen Augenblick inne.“
Wenn der König befiehlt, schiessen wir u. gern
Wohnung des Majors von Preuss erstürmt
Barricade in der Taubenstrasse.
Vertheidigung der Hausvoigtei.

53

53 Otto von Bismarck im Jahre 1847.
Lithographie von Carl Mittag nach einer Zeichnung
von Paul Bürde **54** König Friedrich Wilhelm IV.
(links) und Bismarck im Jahre 1848. Zeichnung von Hermann Lüders
55 Bismarck als Ritter im Krebspanzer in der Gruppe der
Kreuzzeitungs-Partei. Karikatur von Wilhelm Scholz im »Kladderadatsch«
vom 4. November 1849. Mit »Wagner« ist Hermann Wagener,
von 1848 bis 1854 Leiter der »Kreuzzeitung«, gemeint, mit »Gödschen«
der konservative Schriftsteller Hermann Goedsche.
56 König Friedrich Wilhelm IV. von Preußen im Kabinett vor
seiner Kleinkunstsammlung. Zeitgenössische
Kopie nach einem Gemälde von Franz Krüger (um 1850).
Berlin, Deutsches Historisches Museum

54

Der neue Peter von Amiens und die Kreuzfahrer.
Zuschauer
Wilhelm Scholz
Es hält Sankt Stahl des Esels Zaum, Sankt Gerlach führt die Truppen,
Zur Seite steht Herr Bismark treu, der Erzschelm, in Panzer und Schuppen.
Und die sich als Lanzknechte dort mit ihren Mähren quetschen,
Das ist Herr Wagner-Don Quixote mit Sancho Pansa-Gödschen.

55

56

57 Friedrich Wilhelm IV. leistet am 6. Februar 1850 vor beiden Kammern des preußischen Landtags den Schwur auf die Verfassung. Nach einer Zeichnung von Paul Bürde lithographiert von F. W. Gennerich. Bismarck ist in der ersten Reihe rechts als vierter von rechts abgebildet.

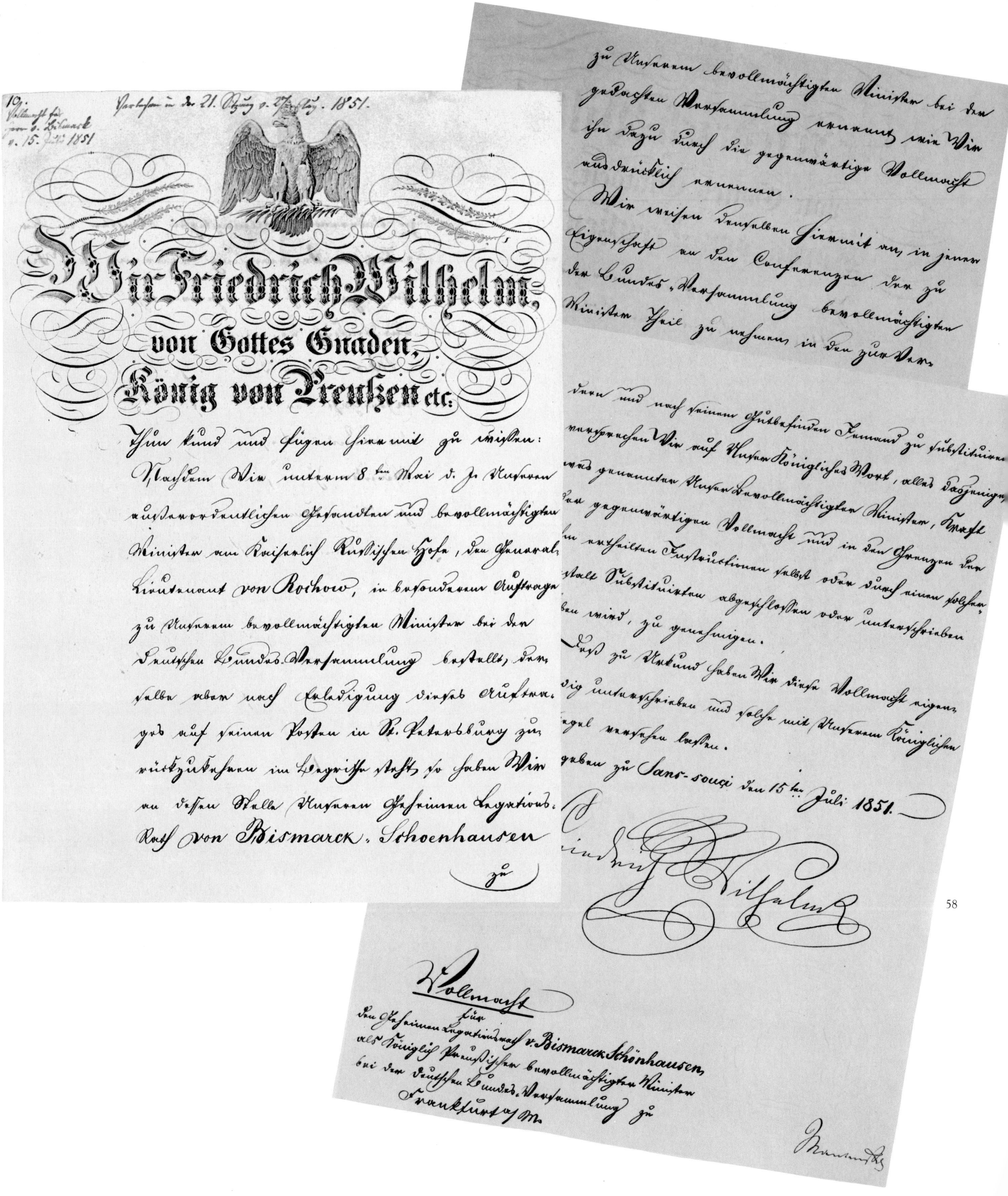
10. Vollmacht für Herrn v. Bismarck v. 15. Juli 1851

Verlesen in der 21. Sitzung v. 27. Juli 1851.

Wir Friedrich Wilhelm,
von Gottes Gnaden,
König von Preußen etc.

Thun kund und fügen hiermit zu wissen:
Nachdem Wir unterm 8ten Mai d. J. Unseren außerordentlichen Gesandten und bevollmächtigten Minister am Kaiserlich Russischen Hofe, den General-Lieutenant von Rochow, in besonderem Auftrage zu Unserem bevollmächtigten Minister bei der Deutschen Bundes-Versammlung bestellt, derselbe aber nach Erledigung dieses Auftrages auf seinen Posten in St. Petersburg zurückzukehren im Begriffe steht, so haben Wir an dessen Stelle Unseren Geheimen Legations-Rath von Bismarck-Schoenhausen zu

zu Unserem bevollmächtigten Minister bei der gedachten Versammlung ernannt, wie Wir ihn dazu durch die gegenwärtige Vollmacht ausdrücklich ernennen.
Wir weisen Denselben hiermit an, in jener Eigenschaft an den Conferenzen der zu der Bundes-Versammlung bevollmächtigten Minister Theil zu nehmen, in den zur Ver-

dern und nach seinem Gutbefinden Jemand zu substituiren, versprechen Wir auf Unser Königliches Wort, alles Dasjenige, was genannter Unser bevollmächtigter Minister, Kraft der gegenwärtigen Vollmacht und in den Grenzen der ihm ertheilten Instructionen selbst oder durch einen solchen gestalt Substituirten abgeschlossen oder unterschrieben haben wird, zu genehmigen.
Deß zu Urkund haben Wir diese Vollmacht eigenhändig unterschrieben und solche mit Unserem Königlichen Insiegel versehen lassen.
Gegeben zu Sans-souci den 15ten Juli 1851.

Friedrich Wilhelm

Vollmacht
für
den Geheimen Legationsrath v. Bismarck-Schönhausen
als Königlich Preußischen bevollmächtigten Minister
bei der deutschen Bundes-Versammlung zu
Frankfurt a/M.

Manteuffel

58

59

58 Ernennung Bismarcks zum Gesandten am
Frankfurter Bundestag durch König Friedrich Wilhelm IV.
am 15. Juli 1851 **59** Das Palais Thurn und Taxis
in Frankfurt am Main. Zeitgenössischer Holzschnitt.
Frankfurt/Main, Historisches Museum

60

61

62

60–61 Johanna und Otto von Bismarck. Miniaturen auf Elfenbein von Joseph Einsle. Berlin, Deutsches Historisches Museum **62** Erster Wohnsitz der Familie Bismarck in Frankfurt an der Bockenheimer Landstraße. Stich (um 1855) **63** Die Bismarckschen Kinder in der Frankfurter Zeit: Marie, Wilhelm und Herbert (v.l.n.r.). Foto (um 1858)

63

64

65

64–65 Otto und Johanna von Bismarck im Jahre 1862 in Paris. Zeitgenössische Fotografien **66** Bismarcks Domizil am Englischen Kai in St. Petersburg: das Palais der Gräfin Stenbock. Lavierte Zeichnung (um 1860) **67** Hôtel Beauharnais, Hoffront mit ägyptischem Portikus, Sitz der Königlich Preußischen Gesandtschaft in Paris. Holzschnitt (1867) **68** Der alte Amtssitz des preußischen Ministerpräsidenten an der Wilhelmstraße in Berlin. Foto (um 1898). Berlin, Bildarchiv Preußischer Kulturbesitz

66

67

75

70

69 Wilhelm (I.) von Preußen (1797–1888). Zeitgenössisches Foto (um 1850). Berlin, Bildarchiv Preußischer Kulturbesitz **70** Germania. Gemälde von Philipp Veith (1848). Nürnberg, Germanisches Nationalmuseum
71 Aufbahrung der Märzgefallenen auf den Stufen des Deutschen Doms in Berlin. Gemälde von Adolph von Menzel (1848 / unvollendet). Hamburg, Kunsthalle

72

72 Otto von Bismarck als Bundestagsgesandter.
Gemälde von Jakob Becker (1855). Friedrichsruh, Bismarck-Museum
73 Johanna von Bismarck. Gemälde von Jakob Becker (1857).
Friedrichsruh, Bismarck-Museum **74** Ansicht des Römerbergs mit
der Nikolaikirche in Frankfurt am Main. Kolorierter Stich
von Friedrich Wilhelm Delkeskamp (um 1840). Frankfurt/Main,
Historisches Museum **75** Die Kinder des Fürsten Bismarck:
Wilhelm, Marie und Herbert (v.l.n.r.). Zeichnung
von Jakob Becker (1856). Friedrichsruh, Bismarck-Museum

73

74

75

76 Krönung König Wilhelms I. zu Königsberg 1861. Gemälde von Adolph von Menzel (1861/65). Potsdam, Staatliche Schlösser und Gärten Potsdam-Sanssouci

77

77 Otto von Bismarck. Studie zum
Krönungsbild von Adolph von Menzel (1865).
Berlin, Staatliche Museen zu Berlin,
Nationalgalerie

DRITTES KAPITEL

»LIEBER REVOLUTION MACHEN ALS ERLEIDEN«

»Das lernt sich in diesem Gewerbe recht, daß man so klug sein kann wie die Klugen dieser Welt und doch jederzeit in die nächste Minute geht wie ein Kind ins Dunkle«, schrieb Bismarck knapp zwei Jahre nach seinem Amtsantritt als preußischer Ministerpräsident an seine Frau. Das war formuliert im Blick auf seinen ersten ganz großen außenpolitischen Erfolg in der Schleswig-Holstein-Frage, der, auf längere Frist gesehen, auch innenpolitisch die Partie für ihn entschied. Es konnte aber auch für die ganze Zeit seit jenen Septembertagen des Jahres 1862 gelten, an denen er auf dem Höhepunkt des Verfassungskonflikts an die Spitze der preußischen Regierung getreten war.

Bis dahin hatte er als hochkonservativer Abgeordneter, als in summa recht erfolgreicher und zunehmend angesehener Diplomat, als – nicht selten ungebetener – Ratgeber gewirkt, dessen oft kühne und überraschende, freilich auch manchen schockierende und erschreckende Vorschläge und Empfehlungen immer wieder für Auseinandersetzungen, nicht selten für leidenschaftliche Diskussionen und stets für Bewegung gesorgt hatten. Die Probe aufs Exempel aber hatte er praktisch nie ablegen müssen. Verantwortung und Entscheidung hatten bei anderen gelegen, und bei allem Engagement, bei allem oft quälenden Mitleben der jeweiligen Situation waren Kritik und Rat in gewisser Weise doch wohlfeil gewesen. Nun aber, im September 1862 und in den folgenden Monaten, mußte sich zeigen, was wirklich in ihm steckte, was es mit dem auf sich hatte, das er so selbstbewußt immer wieder behauptet hatte: Er wisse, wie man mit solchen Situationen fertig werde und wie man aus der Krise herauskomme.

Wie ihn eine ganz überwiegend den Liberalen und ihrer Position zuneigende Öffentlichkeit innerhalb und außerhalb Preußens empfangen werde, war vorauszusehen gewesen. »Mit der Verwendung dieses Mannes ist der schärfste und letzte Bolzen der Reaktion von Gottes Gnaden verschossen«, hieß es in der Wochenschrift des kleindeutsch-liberalen Nationalvereins. »Wenn er auch manches gelernt und verlernt haben mag, ein vollgültiger Staatsmann ist er keinesfalls, sondern nur ein Abenteurer vom allergewöhnlichsten Schnitt, dem es lediglich um den nächsten Tag zu tun ist.«

Das war der Tenor in den meisten Zeitungen. Einen Kompromiß in der Sache, in der Frage der Heeresreform, konnte er nicht anbieten, eine überraschende Wendung war hier, anders als noch vor wenigen Tagen, nicht mehr zu erwarten. Was also tun? Staatsstreich, »eine Periode der Diktatur«, von der er Wilhelm I. gegenüber in Babelsberg als letztem Ausweg gesprochen hatte? Das hieß zumindest die Gefahr einer Revolution heraufzubeschwören und würde Preußen jedenfalls in Deutschland isolieren, alle Karten Österreich zuspielen, das gerade auf dem Weg zu einem wirklichen Verfassungsstaat war. Nein, man mußte versuchen, eine neue Plattform zu erreichen, auf der die alten Konflikte wenn nicht unwichtig werden, so doch relativ an Gewicht verlieren würden.

Wie hatte Bismarck drei Monate zuvor zu Palmerston gesagt? »Der Widerstand der Majorität in der Militärfrage« werde »schwinden und jeder geforderte Betrag für die Armee ohne Schwierigkeiten bewilligt werden«, »falls E.M. sich herbeilassen wollten, die Verwendung der Armee zur Unterstützung einer Politik im Sinne des Nationalvereins in Aussicht zu stellen«. Wilhelm I. war durch diesen Satz seinerzeit ziemlich irritiert, wenn nicht alarmiert gewesen. Genau in diese Richtung aber bewegte sich sein neuer Ministerpräsident, nachdem Wilhelm vor dessen Augen den Entwurf eines Regierungsprogramms zerrissen und ihm statt dessen eine Art Blankovollmacht erteilt hatte.

Am 30. September erschien Bismarck in seinem ersten großen politischen Auftritt vor der Budgetkommission des Abgeordnetenhauses. Der Streit ging ja formal vor allem um den Haushalt, um die Bewilligung der Gelder für die in Gang befindliche, zum großen Teil bereits vollzogene Heeresreorganisation. Hier war demgemäß für eine parlamentarisch nicht gebundene, nicht von einer Parlamentsmehrheit getragene Regierung der sich unmittelbar anbietende Ort, eine Grundsatzerklärung, ja, eine Art Regierungserklärung abzugeben – zumal das Ministerium einen Tag zuvor den Haushaltsentwurf zurückgezogen und eine Neuvorlage angekündigt hatte.

Braungebrannt, sichtlich erholt und entspannt, einen Ölzweig, den er aus Avignon mitgebracht hatte, als

Friedenssymbol schwenkend, forderte Bismarck die Abgeordneten auf, die ganze Streitfrage einmal mit ihm, dem neuen Mann, von einer anderen, höheren Warte aus zu betrachten – jenseits der Verbissenheiten und der politischen Grabenkämpfe des Tages, jenseits der aktuellen Gegensätze, die von einer verantwortungslosen Presse und einer »Menge ›catilinarischer Existenzen‹, die ein großes Interesse an Umwälzungen haben«, über Gebühr dramatisiert worden seien. Es gehe um den Ausbau und die Modernisierung der preußischen Armee – nicht als Selbstzweck und nicht aus den immer wieder unterstellten innenpolitischen Gründen, sondern als Instrument der Außenpolitik. Er wolle das nicht ausführen, nur soviel sagen: Durch »moralische Eroberungen« werde die deutsche Frage sicher nicht gelöst. »Nicht auf Preußens Liberalismus sieht Deutschland, sondern auf seine Macht.« Und dann, mehr andeutend und die Gedanken der Zuhörer in eine bestimmte Richtung lenkend als sich auf irgend etwas präzise festlegend: Preußen müsse »seine Kraft zusammenfassen und zusammenhalten auf den günstigen Augenblick, der schon einige Male verpaßt« worden sei. »Preußens Grenzen nach den Wiener Verträgen« seien »zu einem gesunden Staatsleben nicht günstig«. Schließlich als Summe die lockeren Hinweise auf das Gemeinte zusammenfassend: »Nicht durch Reden und Majoritätsbeschlüsse werden die großen Fragen der Zeit entschieden – das ist der große Fehler von 1848 und 1849 gewesen –, sondern durch Eisen und Blut.«

Was er meinte, verstanden die Mitglieder der Budgetkommission sehr gut. Aber die von ihm so oft als Amateurpolitiker, als beschränkte Kreisgerichtsräte und weltfremde Intellektuelle verspotteten Abgeordneten reagierten ganz anders, als er sich das gedacht hatte. Daß man den Faktor Macht, gerade auch der militärischen Macht, in der Revolution von 1848/49 unterschätzt hatte, brauchte man ihnen nach deren Ausgang nicht zu sagen. Und daß nüchterner Realismus, das Rechnen mit den gegebenen Verhältnissen gerade auch bei der Verfolgung idealer Ziele not tat, hatten sie unter dem Stichwort »Realpolitik« selber auf den Begriff gebracht. In diesem Sinne hatten viele von ihnen in der Heeresfrage bis fast zuletzt den Kompromiß gesucht. Aber wenn – was sie durchaus nicht ausschlossen – in letzter Instanz tatsächlich einmal, wie vor drei Jahren in Italien, das Schwert würde entscheiden müssen, so unter ihrer, der Mehrheit, Führung und zu ihren Bedingungen. Nicht Nachdenklichkeit, gar Beifall war denn auch die Antwort auf die Ausführungen des neuen Regierungschefs, sondern helle, in allen Farben ausgeschmückte Empörung. Rudolf Virchow, der berühmte Pathologe der Berliner Universität und einer der wortgewaltigsten Führer der Fortschrittspartei, brachte die Sache auf den Punkt: Der Ministerpräsident wolle offenbar im Interesse seiner reaktionären innenpolitischen Ziele auf dem Feld der Außenpolitik eine gewalttätige Machtpolitik beginnen.

Spätestens in diesem Augenblick muß Bismarck klar geworden sein, daß er, statt den erhofften und immer wieder selbstbewußt angekündigten Durchbruch zu erzielen, politisch ins offene Messer gelaufen war. Ein gewalttätiger und bedenkenloser Machtpolitiker, das war der einhellige Kommentar der liberalen Presse. »Die Gemeinheit« werde »nur noch durch die Lächerlichkeit überboten«, bemerkte Heinrich von Treitschke, der wenige Jahre später zu einem der größten Bewunderer Bismarcks werden sollte. Nun sehe er, wen er da berufen habe, hielten seine Frau und sein Schwiegersohn, der liberale Großherzog von Baden, Wilhelm I. vor, der zur Kur in Baden-Baden war. Es bedurfte Bismarcks ganzen Geschicks, um ihn bei seiner Rückkehr – er fuhr ihm bis Jüterbog entgegen – aus einer neuen Phase tiefer Resignation herauszureißen.

Fast niemand innerhalb und außerhalb Preußens gab Bismarck damals mehr als höchstens noch ein paar Wochen. Auf diesem Tiefpunkt seiner Laufbahn freilich zeigte sich, was wirklich in ihm steckte. Er hat die Lehre für immer beherzigt: sich nach Möglichkeit niemals wieder in eine Situation zu begeben, in der man ihn, wenn es auch nur die Gefahr eines Nachteils enthielt, eindeutig festlegen konnte. Fortan blieb er bestrebt, sich, selbst um den Preis einer auch wieder problematischen Mißdeutung seiner Absichten, stets einen Ausweg zu bewahren, also immer sehr bewußt mehrgleisig zu fahren bis hin zu dem Punkt, wo ein Zurückweichen, gar eine Niederlage auf dem einen Feld – wie im Mühlespiel – einen Erfolg, einen Sieg auf einem anderen bedeutete.

Gleichzeitig aber dachte Bismarck gar nicht daran, in der Sache selbst, hinsichtlich seiner Einschätzung der gesamten Situation und der Chancen, wie sie seiner Meinung nach in ihr steckten, die Segel zu streichen. »Der Staatsmann gleicht einem Wanderer im Wald, der die Richtung seines Marsches kennt, aber nicht den Punkt, an dem er aus dem Forste heraustreten wird«, so hat er im Rückblick in einem Gespräch mit dem österreichischen Historiker Heinrich Friedjung seine Position in ihren strategischen und taktischen Elementen sehr exakt zusammengefaßt. »Ebenso wie er muß der Staatsmann die gangbaren Wege einschlagen, wenn er sich nicht verirren will.«

Der Versuch eines kühnen Durchbruchs, wie er ihn in der Budgetkommission des Abgeordnetenhauses unternommen hatte – das war kein »gangbarer Weg« gewesen. Aber die Richtung, davon war und blieb er überzeugt, war richtig, und wenn er nur politisch überlebte, würden die Zeit und die Umstände für ihn arbeiten. Die außenpolitische Konstellation, das sich immer mehr verstärkende Eigengewicht des Zollvereins, die gesamte wirtschaftliche Entwicklung, die die Stellung Preußens sehr nachhaltig stärkte, der auch von dieser Entwicklung zusätzlich genährte Wunsch nach nationaler Einigung, nach einer Lösung der deutschen Frage, das Bedürfnis unterschiedlicher Kräfte im Inneren nach einem Ausgleich, nach einer dauerhaften Konfliktregelung, schließlich die absehbaren aktuellen Streitfragen wie insbesondere das Schleswig-Holstein-Problem, all das begünstigte eine Politik der Machterweiterung Preußens mit dem gleichzeitigen Ziel der Erhaltung der inneren Machtstrukturen des Landes, wie er sie ins Auge gefaßt hatte, begünstigte auch die Bündnisse, die ihm dabei vorschwebten.

Die Verhältnisse begünstigten freilich noch vieles andere: einen tiefgreifenden sozialen Wandel, das Aufkommen ganz neuer politischer und gesellschaftlicher Bewegungen, die schrittweise Auflösung beziehungsweise Zurückdrängung der alten agrarischen Grundlagen der Gesellschaft, das Entstehen neuer Eliten und neuer Machtzentren, die Herausforderung aller traditionellen Ordnungen und Werte. Man lebte in einem Zeitalter immer stürmischer voranschreitender, revolutionärer Veränderungen, denen gegenüber der ältere politische Revolutionsbegriff des ausgehenden 18. und der ersten Hälfte des 19. Jahrhunderts geradezu harmlos wirkte.

Auch darauf mußte sich eine Politik, die Erfolg haben wollte, einstellen. Bloße Kabinettspolitik war auf der Höhe des 19. Jahrhunderts zum Scheitern verurteilt. Natürlich mußte man als ein überzeugter Monarchist, als ein Vertreter der alten agrarischen Führungsschichten, als ein Verteidiger des Etablierten und der alten Ordnungen in Staat und Gesellschaft stets versuchen, den Geist in der Flasche zu halten. Aber eben nicht um den Preis der Selbstaufgabe. Wenn der Druck aus dem Ausland wachse und die preußischen und deutschen Interessen in Gefahr gerieten, werde das die preußische Regierung »zur Proklamierung der deutschen Reichsverfassung von 1849 und zu wirklich revolutionären Maßregeln treiben«, telegraphierte Bismarck nach dem preußisch-österreichischen Krieg, in einer Zeit erhöhter Spannungen, an den Generaladjutanten von Manteuffel, der sich gerade in Petersburg aufhielt: »Soll Revolution sein, so wollen wir sie lieber machen als erleiden.«

Das galt weit über den konkreten Fall hinaus, war längst zur Devise der Bismarckschen Politik geworden. Die Zeitgenossen haben das allerdings nur langsam erkannt. Stillstand, Reaktion, Eindämmungspolitik mit allen Mitteln und um jeden Preis – das schien zunächst und noch für längere Zeit der Kern, die Leitlinie zu sein. Daß seine Zoll- und Wirtschaftspolitik ganz in den Bahnen seiner liberaleren Vorgängerregierung blieb, ja, sie noch intensiver verfolgte und daß in seinem Verhältnis zu Österreich von einer Wiederaufnahme der konservativen Blockpolitik keine Rede sein konnte, wurde von den Liberalen und der Öffentlichkeit kaum registriert. Das galt auch für die Tatsache, daß er den Verfassungskonflikt höchstens verbal verschärfte, gleichzeitig aber eine Reihe von Vermittlungsvorschlägen lancierte.

Ganz ins Bild paßte demgegenüber die in Preußen wie in ganz Deutschland mit größter Empörung aufgenommene und kommentierte Haltung, die Bismarck im

Januar und Februar 1863 gegenüber dem Aufstand im russischen Teil Polens einnahm. Sein Abkommen mit der russischen Regierung, die sogenannte Konvention Alvensleben, die ein Zusammenwirken der beiderseitigen Armeen bei der Verfolgung von Aufständischen einschließlich der Erlaubnis zum wechselseitigen Grenzübertritt vorsah, wurde von der liberalen Presse ganz Europas als Wiederkehr des Systems der Heiligen Allianz, als Bund zur Unterdrückung der Freiheit und des nationalen Selbstbestimmungsrechts der Völker des Kontinents gegeißelt. Daß Preußen sich damit Rußland für die Zukunft verpflichtete und die Gefahr einer im Kern antideutschen russisch-französischen Allianz bannte, wie Bismarck in den regierungsoffiziösen und den der Regierung zugänglichen Blättern verbreiten ließ, erschien als durchsichtige Verschleierung der wahren Ziele.

Sie wurden für weiteste Kreise der Öffentlichkeit noch einmal ganz deutlich sichtbar, als die Regierung Bismarck Ende Mai 1863 über ein königliches Dekret den Landtag »schließen« ließ und wenig später auf dem Verordnungswege die Pressefreiheit entscheidend einschränkte; die Verwaltungsbehörden wurden ermächtigt, Zeitungen und Zeitschriften allein schon aufgrund der »Gesamthaltung des Blattes« zu verbieten. Die Maßnahme löste einen neuen Sturm der Entrüstung aus. An dessen Spitze setzte sich für einen Augenblick niemand geringerer als der Thronfolger, Prinz Friedrich Wilhelm, der in einer öffentlichen Rede in Danzig das Vorgehen der Regierung ausdrücklich bedauerte. Die Anhänger einer kleindeutschen Lösung der deutschen Frage, also einer Führungsrolle Preußens in Mitteleuropa, waren nun endgültig zutiefst irritiert, Bismarck der bestgehaßte Mann in Mitteleuropa.

In dieser Situation ergriff der Kontrahent auf der nationalen Ebene, Österreich, die Initiative. Seit dem Krimkrieg, seit dem Beginn der »neuen Ära« in Preußen und der Niederlage in Italien war der Kaiserstaat weit in die Hinterhand geraten. Im Dezember 1862 hatte der preußische Ministerpräsident dem österreichischen Botschafter in Berlin, Graf Károlyi, noch hochfahrend erklärt, er rate dem Kaiserstaat, den Schwerpunkt seiner Interessen künftig im Südosten zu suchen, da sonst in Mitteleuropa ein Zusammenstoß wohl unvermeidlich werde. Nun lud Franz Joseph seine Mitsouveräne im Deutschen Bund zu einem Gipfeltreffen an den Sitz des Deutschen Bundestages in Frankfurt am Main, um über eine grundlegende Reform des Deutschen Bundes, sprich eine Lösung der deutschen Frage im österreichischen Sinne, zu verhandeln.

Zwar gingen die österreichischen Vorschläge und Angebote nicht so weit, daß sie sogleich zu einem vollständigen Stimmungsumschwung in der deutschen öffentlichen Meinung und im Lager des kleindeutschen Teils der Nationalbewegung geführt hätten – statt eines frei gewählten deutschen Parlaments war in dem österreichischen Reformplan nur von einer Versammlung von Delegierten der einzelnen Landtage die Rede, und die Rechte dieser Versammlung sollten sich wie die des Bundes insgesamt in engen Grenzen halten. Aber es war doch ein erster Schritt, und Bismarck hatte alle Hände voll zu tun, seinen Monarchen und damit zugleich die preußische Regierung nicht in einen Mechanismus kleiner Reformschritte hineinziehen zu lassen, dessen Hauptziel auf österreichischer Seite in seinen Augen nur zu deutlich darin bestand, Preußen auf Dauer in die zweite Reihe zu drängen.

In dramatischen Auseinandersetzungen mit Wilhelm I. gelang es dem preußischen Ministerpräsidenten schließlich, seinen Monarchen zu einer Ablehnung der Einladung mit dem Argument zu bewegen, die ganze Sache sei nicht genügend vorbereitet und der Plan habe aus preußischer Perspektive grundlegende Mängel, die kurzfristig und auf der Ebene einer Zusammenkunft der Souveräne auch nicht zu heilen seien. Wenig später schlug die preußische Regierung dann ihrerseits vor, die Lösung aller mit der Frage der Bundesreform zusammenhängenden Probleme einer frei gewählten deutschen Volksvertretung, also einer Nationalversammlung, anheimzugeben. »Das Element, welches berufen ist, die Sonderinteressen der einzelnen Staaten im Interesse der Gesamtheit Deutschland zur Einheit zu vermitteln, wird wesentlich nur in der Vertretung der deutschen Nation gefunden werden können.«

Zwar glaubte im liberalen Lager zu diesem Zeitpunkt kaum jemand, daß ausgerechnet das Ministerium Bismarck, das innenpolitisch in schroffstem Gegensatz zu der liberalen Parlamentsmehrheit stand, diesen Weg ernsthaft zu beschreiten bereit sein würde. Aber die Regierung des österreichischen Vielvölkerstaates glaubte sich auf die Idee einer – etwa noch nach dem allgemeinen und gleichen Wahlrecht gewählten – konstituierenden deutschen Nationalversammlung keinesfalls einlassen zu können. Und so war die Sache praktisch vom Tisch, zumal in den folgenden Monaten eine Frage die Szene immer mehr beherrschte, die schließlich die bisherigen Fronten vollständig durcheinanderbrachte und am Ende, innen- wie außenpolitisch, eine ganz neue Situation schuf.

Es war die Frage des künftigen Schicksals der beiden in Personalunion mit der dänischen Krone verbundenen Herzogtümer Schleswig und Holstein. Sie hatte schon einmal, im unmittelbaren Vorfeld und in der Revolution von 1848/49, eine schicksalhafte Bedeutung erlangt. Das deutsche Holstein gehörte zum Deutschen Bund, das gemischt-nationale Schleswig nicht. Beide Nationalbewegungen, die deutsche und die dänische, beanspruchten die Herzogtümer, die nach alter Überlieferung »up ewig ungedeelt« bleiben sollten, für sich: die dänische unter dem Titel langer Zugehörigkeit und dynastischer Herrschaft, für das Gebiet nördlich der Eider auch der gemeinsamen Nationalität, die deutsche unter dem Titel des überwiegend deutschen Charakters der Gebiete, der engen Verbundenheit mit der deutschen Geschichte, aber auch konkurrierender dynastischer Erbansprüche des Hauses Augustenburg. Nach der Revolution war die Frage im Sinne des vorherrschenden europäischen Großmachtinteresses geregelt worden, das sowohl von englischer als auch von russischer und von französischer Seite darauf hinauslief, die Gebiete dauerhaft bei Dänemark, das heißt bei der dänischen Krone zu belassen. In diesem Sinne war 1852 im zweiten Londoner Protokoll die Erbfolgefrage, die schwierig zu werden versprach, verbindlich geregelt worden, allerdings auf der Basis des Status quo, also der weitgehenden Selbständigkeit der Herzogtümer innerhalb des dänischen Staatsverbandes.

Die deutsche Nationalbewegung hatte sich mit dieser Regelung nie abgefunden. Und auch die dänische strebte von Anfang an über sie hinaus, wollte die bloße Personalunion zu einer Realunion umgestalten. Aus seiner Zeit als Bundestagsabgesandter kannte Bismarck die Frage in allen ihren Facetten – er war an vielen Folgeverhandlungen unmittelbar beteiligt gewesen –, und er wußte, wieviel Sprengstoff national wie international in ihr steckte, zumal die Integrität des dänischen Gesamtstaats zwar betont, aber entgegen dem russischen wie dem dänischen Wunsch von den Großmächten nicht ausdrücklich garantiert worden war. Um hier allen Eventualitäten entgegenzuwirken, hatte die dänische Öffentlichkeit von früh an darauf gedrängt, die Herzogtümer voll in den dänischen Staat einzubeziehen. Bereits 1855 war in diesem Sinne eine Gesamtstaatsverfassung verabschiedet, aber dann auf den Protest des Deutschen Bundes und die Drohung mit der sogenannten Bundesexekution hin wieder außer Kraft gesetzt worden. Allerdings galt das nur für Holstein. Schleswig wurde immer fester in den dänischen Staat eingebunden, und hinsichtlich Holsteins drohte der dänische König mit Austritt aus dem Bund und erklärte, auch einen kriegerischen Konflikt mit dem Bund nicht zu scheuen.

Das war die Situation wenige Wochen nach dem österreichischen Bundesreformvorstoß. Dem Bund blieb in ihr gar nichts anderes übrig, als nun, entsprechend seiner Verfassung, die Bundesexekution zu beschließen. Mit deren Ausführung betraute er die beiden deutschen Großmächte sowie Sachsen und Hannover. Die dänische Reaktion bestand in der beschleunigten Verabschiedung einer neuen Gesamtstaatsverfassung für Dänemark und Schleswig und der gleichzeitigen Annahme eines Vermittlungsangebots von französischer und englischer Seite hinsichtlich Holsteins.

War die Lage schon explosiv genug, so wurde sie noch dadurch dramatisch verschärft, daß zwei Tage nach der Verabschiedung der neuen Verfassung durch den dänischen Reichstag König Friedrich VII. starb und die Regelung des Londoner Protokolls bezüglich der Erbfolge in Kraft trat. Ihr hatten die holsteinischen Stände jedoch bisher noch nicht, wie es die Landesverfassung bindend vorsah, zugestimmt. Und sie sahen sich sogleich mit den Ansprüchen eines weiteren Thronprätendenten, des Herzogs von Augustenburg, konfrontiert, der erklärte, er habe seinerzeit, im Zusammenhang mit den Verhandlungen über die Regelungen des Londoner Protokolls, zwar für sich, aber nicht für seinen Sohn auf die Erbfolge verzichtet. Dieser zeigte denn auch bereits am 16. November 1863 dem Bund an, er habe als Herzog Friedrich VIII. den schleswig-holsteinischen Thron bestiegen.

Die deutsche Öffentlichkeit war begeistert. Eine spontan zusammengetretene »Landesversammlung« der Schleswig-Holsteiner huldigte dem neuen Herzog. Die Mehrheit der deutschen Mittel- und Kleinstaaten erklärte sich für den Augustenburger und plädierte für die Anerkennung eines selbständigen Fürstentums Schleswig-Holstein im Rahmen des Deutschen Bundes. Welch eine plötzliche und unerwartete Chance für Preußen, sich an die Spitze der mächtig aufschäumenden nationalen Bewegung zu setzen und seine bis dahin so umstrittene militärische Macht zugunsten der deutschen Sache in die Waagschale zu werfen!

Die Vertreter der Fortschrittspartei registrierten die Situation nicht ohne Betroffenheit, so sehr auch sie jetzt ihre Blicke auf die preußische Regierung und die preußische Armee richteten. Nun hatten also die Umstände den Mann, dessen Sturz sie so sehr herbeisehnten, genau in die Lage versetzt, die er Ende September 1862 vor der Budgetkommission in Andeutungen skizziert hatte. »Nicht auf Preußens Liberalismus sieht Deutschland, sondern auf seine Macht« – exakter konnte man die gegenwärtige Konstellation kaum beschreiben.

Bismarck aber tat genau das Gegenteil von dem, was selbst seine engste Umgebung erwartete. Er beschwor die Heiligkeit internationaler Verträge und rief, statt die Mehrheit der Mittel- und Kleinstaaten und der nationalen Kräfte, die sich für den Augustenburger ausgesprochen hatte, unter preußischer Führung zu vereinen, den Bundeskontrahenten Österreich auf, sich der gemeinsamen Aufgabe als konservative Ordnungsmächte in Mitteleuropa bewußt zu bleiben.

Die Empörung im nationalen Lager war grenzenlos, im Lager der Fortschrittspartei vermischt mit der uneingestandenen Erleichterung, daß man nun jedenfalls nicht in ganz schiefe Frontstellungen hineingeraten würde, ein Reaktionär eben ein Reaktionär war und blieb. Hingegen war man in Wien und in den Hauptstädten der übrigen europäischen Großmächte auf das angenehmste überrascht. Die Hofburg hatte die Entwicklung mit Blick auf die nationalen Bewegungen im eigenen Land, in Ungarn, in Böhmen, in Italien, auf dem Balkan, mit größter Sorge verfolgt. Und in Paris, London und Petersburg wußte niemand so recht, wie dem Furor teutonicus im Bündnis mit Preußen und mit einem so klaren, gut vertretbaren Ziel wirksam begegnet werden könne. Man hatte sich wohl in dem preußischen Ministerpräsidenten getäuscht. Er hatte offenbar inzwischen sein Lehrgeld bezahlt und war bereit, im eigenen Haus durch die Kräfte der Veränderung aufs ärgste bedrängt, im Konzert der Mächte den Part des Ausgleichs und der Vermittlung zu spielen.

Im nachhinein und mit Blick auf den Ausgang nicht nur der schleswig-holsteinischen, sondern auch der deutschen Frage, für deren Lösung im preußisch-kleindeutschen Sinne hier fraglos der Grund gelegt worden ist, hat sich vielen der Eindruck aufgedrängt, Bismarck habe die ganze Entwicklung von Anfang an vorausberechnet, ja, in vielem entscheidend gesteuert, bis er am Ende alle überspielt habe. Er selber hat diesem Eindruck aus verständlichen Gründen nicht widersprochen, ihm im Gegenteil durch manche Äußerung zusätzliche Nahrung gegeben. Die Wahrheit aber war jedenfalls komplizierter.

Bismarck hatte in der Tat während des letzten Jahres, das ein ständiges Balancieren am Abgrund gewesen war, sein Lehrgeld bezahlt. Er wollte sich, auch wenn die Situation noch so verlockend schien, niemals wieder in eine Lage begeben, aus der es nur einen Weg herausgab – zum erstrebten Ziel oder in den vollständigen Mißerfolg. Und vor allem: Er wollte unter keinen Umständen im Falle des Erfolges nur zweiter Sieger sein. Das aber drohte seiner Einschätzung nach in der gegenwärtigen Situation, wenn er, wie zunächst allgemein erwartet, Preußen an die Spitze der Schleswig-Holstein-Bewegung führen würde.

Eigentlicher Sieger, Nutznießer würde die nationale Bewegung sein, daneben der Deutsche Bund und in ihm das um einen, eben den Schleswig-Holsteiner, vermehrte Bündnis der Mittel- und Kleinstaaten. Und würde es Österreich nicht schließlich möglicherweise gelingen, dieses Bündnis – das ihm prinzipiell geneigt war, wie der Frankfurter Fürstentag gezeigt hatte – wieder auf seine Seite zu ziehen? Preußen konnte so am Ende, nachdem es das Geschäft der nationalen Bewegung und des Bundes besorgt hatte, mit leeren Händen dastehen, und das vor dem Hintergrund einer österreichisch-französischen Annäherung, wie man sie gerade beobachten konnte, und einer gleichfalls nicht ganz unwahrscheinlichen Verständigung zwischen Paris und Petersburg, die zu verhindern eines der Ziele der Politik gewesen war, die Bismarck in der polnischen Frage befolgt hatte.

Es waren also nicht zuletzt negative Faktoren, das Bestreben, einen bestimmten Ausgang und bestimmte Ergebnisse zu vermeiden, die Bismarcks Verhalten und seine einzelnen Schachzüge leiteten. Unbeschadet dessen aber und unabhängig davon, wie man zu den Zielen und dem Ausgang steht, bleibt seine Politik in der schleswig-holsteinischen Frage ein Höhepunkt, ja, vielleicht sogar der Gipfelpunkt in seiner an Erfolgen nicht gerade armen politischen Laufbahn. Wie er Österreich in ein Bündnis zog, wie er den Bund ausschaltete, wie er, unter dem Titel der Wiederherstellung des internationalen Rechtes, die übrigen Großmächte veranlaßte, einem preußisch-österreichischen Krieg gegen Dänemark zuzusehen, wie er anschließend den Versuch einer internationalen Vermittlung blockierte, den Augustenburger, den sein eigener König favorisierte, überspielte und Österreich veranlaßte, hoch im Norden und weit weg von seinem Territorium gemeinsam mit dem unmittelbar benachbarten Preußen die Rolle der Besatzungsmacht in Schleswig-Holstein zu übernehmen – all das ist eine fast unheimlich wirkende Erfolgsgeschichte.

Ihre Beiprodukte ergaben sich wie von selbst: der Stolz auf den Erfolg der preußischen Waffen, gipfelnd in der Erstürmung der Düppeler Schanzen; das langsame Aufbrechen der Front seiner innenpolitischen Gegner; das wachsende Prestige in den europäischen Kabinetten; die Stabilisierung seiner Stellung bei seinem König und im preußischen Staatsapparat, der ihm gegenüber zuletzt, wenn auch hinter vorgehaltener Hand, immer kritischer geworden war; schließlich und aus Bismarcks Perspektive vielleicht vor allem die vollständige Einbindung, um nicht zu sagen Fesselung Österreichs, über die er schon Ende 1863 triumphierend schrieb, es sei »noch nicht dagewesen, daß die Wiener Politik in diesem Maße en gros et en détail von Berlin aus geleitet wurde«.

Nach dem vollständigen militärischen Sieg über Dänemark hatte sich dieses schließlich, an der lange erwarteten englischen Hilfe verzweifelnd, Ende Juli 1864 zum Frieden bereitgefunden. Der dänische König verzichtete in dem entsprechenden Vertrag auf alle seine Rechte hinsichtlich der Herzogtümer Schleswig, Holstein und Lauenburg zugunsten des, wie es ausdrücklich hieß, Kaisers von Österreich und des Königs von Preußen und verpflichtete sich im vorhinein, alle »Verfügungen anzuerkennen, welche genannte Majestäten bezüglich dieser Herzogtümer treffen werden«. Die Rechte gingen also sozusagen von Monarch an Monarch, und da der preußische und der österreichische Herrscher gemeinsam als Rechtsnachfolger eintraten, hatten sie sich über jede künftige Lösung zu verständigen – was Bismarck als eine weitere Klammer zwischen den beiden deutschen Großmächten pries, was aber zugleich natürlich den Ansatzpunkt bildete für fast beliebig zu inszenierende Konflikte.

Es ist in der Geschichtswissenschaft bis heute umstritten, ob Bismarck nun sogleich, während sich in Preußen unter seiner tätigen Mithilfe die Stimmen mehrten, die einer preußischen Annexion der Herzogtümer das Wort redeten, auf Konfliktkurs zu Österreich gegangen sei, oder ob er die Alternative eines großangelegten Ausgleichs mit dem Kaiserstaat unter Abgrenzung der beiderseitigen Interessensphären ernsthaft erwogen habe. Definitiv ist diese Frage wohl nicht zu entscheiden, aber überraschend kam der schließliche Ausgang für den preußischen Ministerpräsidenten mit Sicherheit nicht. Und daß dieser Ausgang in der Logik der Entwicklung und der an ihr beteiligten Kräfte und Faktoren lag, ist gleichfalls kaum zu übersehen. Angesichts des wachsenden Gewichts und der Ausrichtung der wirtschaftlichen Interessen, der Wünsche der Nationalbewegung, der Stärke des Liberalismus und seiner Verfassungsbestrebungen, der wachsenden Bedeutung von Parteien und Öffentlichkeit hätte ein System der konservativen Doppelherrschaft in einer neu ausbalancierten Ordnung im Stile Metternichs für beide Seiten große, wahrscheinlich unabsehbare Gefahren in sich enthalten. Es wäre in einem Maße ein Bündnis gegen den Geist der Zeit gewesen, daß man sich nur schwer vorzustellen vermag, wie ihm eine längere Lebenszeit hätte beschieden sein können.

Wie dem aber auch sei, der tatsächliche Gang der Entwicklung bewegte sich in raschen Schritten auf den großen Konflikt zu, und man kann nicht sagen, daß Bismarck sich dieser Entwicklung zu irgendeinem Zeitpunkt entschlossen in den Weg geworfen hätte. Wie von vornherein nicht anders zu erwarten, kam es über die Probleme der gemeinsamen Verwaltung der Herzogtümer zu einer Serie von Streitigkeiten. Im Hintergrund stand nicht zuletzt die schwankende Haltung der Wiener Politik, die sich über Monate hin nicht entscheiden konnte, ob man nun den Weg der Zusammenarbeit mit Preußen ungeachtet aller offenkundigen Schwierigkeiten und bedenklichen Konsequenzen fortsetzen oder versuchen solle, zu der alten Position der Bundespräsidialmacht zurückzukehren – mit der nun, nach der gesamten Konstellation und Vorgeschichte, wohl definitiv nicht mehr auszuschließenden Gefahr eines rasch eskalierenden Zusammenstoßes mit dem jetzigen Partner.

Diese schwankende Haltung Österreichs – deren Gründe er nur zu gut nachvollziehen konnte – veranlaßte Bismarck seinerseits schon früh, eine kriegerische Lösung ins Auge zu fassen, mit dem konkreten Kriegsziel der Annexion der Herzogtümer durch Preußen, aber darüber hinaus auch einer grundlegenden Neuregelung der Bundesverhältnisse, sprich einer Lösung der deutschen Frage rebus sic stantibus. Dabei schwebte ihm eine kleindeutsche Lösung zu diesem Zeitpunkt wohl höchstens als ein erst über viele Stationen zu erreichendes Endziel vor. Eine kriegerische Lösung ins Auge zu fassen, hieß freilich nicht, strikt auf sie zuzugehen und alle anderen Wege aus dem Blick zu verlieren. Und es hieß auch nicht, sich ganz auf die materiellen, die militärischen und bündnispolitischen Voraussetzungen eines Erfolges zu konzentrieren, so wichtig sie natürlich waren. Es ging – nie hat Bismarck diesen Satz aus dem Auge verloren – um die Fortsetzung der Politik mit anderen Mitteln, und die Politik durfte darüber weder ihre Gestalt verändern noch ihre ursprünglichen Ziele vergessen. Wer sich über diese Prinzipien hinwegsetzte, würde, so seine feste Überzeugung, dafür über kurz oder lang die Quittung bekommen.

So ging der preußische Ministerpräsident, auch nachdem der preußische Kronrat mit Ausnahme des Kronprinzen, der sich nachdrücklich gegen einen »Bürgerkrieg in Deutschland« aussprach, einer entsprechenden Politik bereits Ende Mai 1865 grünes Licht gegeben hatte, mit äußerster Umsicht und Vorsicht zu Werk und ließ keine Gelegenheit aus, andere Wege und Kombinationen zu prüfen. Zu ihnen gehörte auch die neuerliche Verständigung mit Österreich in der Konvention von Gastein vom August 1865. Sie beendete eine Phase sich ständig verschärfender Konfrontationen durch eine Herrschaftsteilung in den Herzogtümern. Wien erhielt die Verwaltung Holsteins, Preußen diejenige Schleswigs, die Rechte an Lauenburg gingen gegen eine entsprechende finanzielle Entschädigung an den preußischen König allein über. Das war in den Augen der Öffentlichkeit ein erneutes Zurückweichen Österreichs, das damit, so mußte es den Anschein haben, die augustenburgische Lösung endgültig preisgab. Es war jedoch zugleich ein Zeitgewinn, von dem damals niemand sagen konnte, zu welcher Konstellation er angesichts des raschen Wandels aller Verhältnisse und Umstände etwa noch führen konnte.

Beide Seiten benutzten ihn dann allerdings in erster Linie zur diplomatischen und militärischen Kriegsvorbereitung. Während das für Österreich in einem eher technischen Sinne galt, kreisten Bismarcks Überlegungen dabei seit längerem vor allem auch um die Frage, wie man diesen Konflikt psychologisch, im Hinblick auf die preußische und deutsche Öffentlichkeit, am wirkungsvollsten vorbereiten und wie man seinen Ausgang und seine erhofften Ergebnisse auch in dieser Hinsicht umsetzen, sprich zumal auch innenpolitisch ausmünzen könne. Denn in dieser Beziehung kündigte sich zwar seit dem Erfolg in der schleswig-holsteinischen Frage, dem Sieg über Dänemark, ein gewisser Wandel an. Durchgreifend aber war er noch in keiner Weise, und die innenpolitischen Fronten in Preußen standen unverändert, ja, hatten sich mit Blick auf die außenpolitischen Erfolge des verhaßten Ministerpräsidenten und deren befürchtete Wirkungen auf eine breitere Öffentlichkeit eher noch verhärtet. Rudolf Gneist, einer der bekanntesten Juristen der Berliner Universität und Abgeordneter der Fortschrittspartei, warnte im preußischen Abgeordnetenhaus mit leidenschaftlichem Pathos vor der Unterwerfung unter ein am napoleonischen Frankreich orientiertes »Regierungssystem ..., welches auf sittlich verwittertem Boden alle Faktoren in kluger Berechnung kombiniert, um die Menschen zu beherrschen durch Käuflichkeit, Charakterlosigkeit und die Kurzsichtigkeit der Interessen«.

Ein klassischer Kabinettskrieg, bei dem es vor allem um außenpolitischen Machtgewinn, um Machtgewinn für die konservative Großmacht Preußen ging, war in der Öffentlichkeit, zumal im Lager der immer stärker werdenden liberalen und nationalen Bewegung, wenig populär. Um einem solchen Krieg und seinen Ergebnissen Zukunft und Perspektive zu geben, bedurfte es, zumindest verbal, anderer Ziele. Wenn ein derartiger Krieg, wie unvermeidlich, den Deutschen Bund als letzte politische Klammer der deutschen Nation zerstörte, mußte die Vision einer neuen, festeren, zukunftsträchtigeren Verbindung an seine Stelle treten.

In diesem Sinne hat Bismarck in den Monaten nach Gastein seine Aufmerksamkeit vor allem auch darauf konzentriert, auf vielen Ebenen die Parallelität, wenn nicht Identität preußischer und deutscher Interessen herauszuarbeiten. Das schien ihm nicht weniger wichtig als die möglichst weitgehende Lokalisierung des immer mehr als sicher erwarteten militärischen Konfliktes zwischen den beiden deutschen Großmächten und die Gewinnung des neuen Königreichs Italien als Bündnispartner gegen Österreich. Während Bismarck das letztere weitestgehend gelang – am 8. April 1866 wurde ein auf drei Monate befristetes Offensivbündnis mit Italien unterzeichnet, und die Neutralität zumindest Englands und Rußlands war zu diesem Zeitpunkt praktisch gesichert –, stieß sein am 9. April vorgelegter Bundesreformplan vor dem Hintergrund der allgemeinen Lage und der unveränderten inneren Situation in Preußen auf verbreitete Skepsis.

Herzstück dieses Plans war die Berufung eines aus allgemeinen, direkten Wahlen hervorgehenden deutschen Parlamentes, das dann über eine innere Neuordnung des Bundes, sprich über eine ganz neue Bundesverfassung beraten sollte. Das sollte – Österreichs Ablehnung war mit völliger Sicherheit zu erwarten – ein Signal für die kleindeutsche Nationalbewegung sein, daß Preußen entschlossen und bereit sei, sich ihre Ziele zu eigen zu machen, wobei der Vorschlag des allgemeinen Wahlrechts zugleich die Ankündigung – und Drohung – enthielt, man könne mit der nationalen Parole auch an breitere Volksschichten appellieren und das liberale Bürgertum gegebenenfalls auch von hier aus politisch überspielen. Da jedoch das bloß Taktische so sehr auf der Hand zu liegen schien, verpuffte die Initiative praktisch wirkungslos.

In dieser Hinsicht ging Preußen am Ende letztlich doch mit leeren Händen in den militärischen Konflikt mit Österreich, der seit den entsprechenden Sitzungen des österreichischen Ministerrats und des preußischen Kronrats am 21. beziehungsweise 28. Februar 1866 praktisch beschlossene Sache war. Den weiteren Prestigeverlust des Kaiserstaats in der deutschen Öffentlichkeit seit Gastein hatte Berlin nicht zu seinen Gunsten ummünzen können. Als die Wien zuneigende Bundestagsmehrheit auf Antrag Österreichs am 14. Juni 1866 schließlich beschloß, zum Schutz der »inneren Sicherheit Deutschlands und der bedrohten Rechte seiner Bundesglieder« das nichtpreußische Bundesheer zu mobilisieren, da erschien diese faktische Proklamierung eines Bundeskrieges gegen Preußen zwar nicht als eine Art liberaler Kreuzzug gegen den autoritären Militärstaat an der Spree, als den ihn manche süddeutschen Demokraten verstanden wissen wollten, aber eben auch nicht als Krieg gegen den Wortführer einer Bundesreform im nationalen und liberalen Sinne. Das

Attentat, das der Tübinger Student Ferdinand Cohen-Blind, ein Stiefsohn des in London im Exil lebenden badischen Revolutionärs von 1848/49 Karl Blind, am Nachmittag des 7. Mai 1866 Unter den Linden auf Bismarck verübt hatte, hatte im Gegenteil – zumal auch in der Reaktion der Öffentlichkeit auf die Nachricht – noch einmal gezeigt, wie tief auf dieser Ebene der Graben war, der den preußischen Regierungschef und alles, was er machte und vorschlug, umgab. »Alles wird dominiert«, notierte der Bonner Historiker Heinrich von Sybel damals, »durch den bitteren, zähen, allgemeinen Haß, den die Mißregierung im Innern in den letzten vier Jahren hervorgerufen und den leider gerade Bismarck durch seine Bedeutung und seine Allüren auf seine Person konzentriert hat.« Sogar Äußerungen des Bedauerns über das Scheitern des Anschlages waren nicht selten. Das Organ der württembergischen Demokraten, der in Stuttgart erscheinende *Beobachter,* äußerte in seinem Kommentar: »Das Attentat gegen diesen, von einem ganzen Volk einmütig verdammten Attentäter hat nichts Überraschendes. Es wird sich niemand getrauen, den jungen Mann für einen schlechten Deutschen zu erklären, der sein Leben daran gegeben hat, um das Vaterland von einem solchen Unhold zu befreien.«

Bismarcks Trümpfe im Juni 1866 waren also fast ausschließlich die Trümpfe des traditionellen Machtstaates und der traditionellen Machtpolitik: außenpolitische Isolierung des Gegners – auch Frankreich war, seit dem 12. Juni mit Österreich in einem Geheimabkommen verbunden, entschlossen, im Augenblick noch neutral zu bleiben; Gewinnung eines Bündnispartners, der eine zweite Front eröffnete; und vor allem eine schlagkräftige, zielbewußt geführte und in modernster Weise ausgerüstete Armee. Sie hat schließlich in überraschend kurzer Zeit, damit alle Kalkulationen Frankreichs und auch der übrigen Kabinette über den Haufen werfend, die Entscheidung herbeigeführt und damit nicht nur für zwei Menschenalter das überragende Prestige der preußischen Armee in Staat und Gesellschaft befestigt, sondern auch eine ganz neue Situation, die Perspektive des Siegfriedens geschaffen.

Sowenig sich Bismarck vor dem 3. Juli 1866, vor der Entscheidungsschlacht von Königgrätz, von den zeitweise doch recht düsteren Zukunftsaussichten beeindrucken ließ – auch wenn er etwa mit der Idee der Mobilisierung der Nationalitäten des Vielvölkerstaats Österreich für einen Konservativen sehr ungewöhnliche Mittel ins Auge faßte –, sowenig ließ er sich, im Unterschied zu manchem in seiner Umgebung bis hin zum König, von der neuen Situation mitreißen. Im Gegenteil. Für die Öffentlichkeit betrat nun schrittweise ein ganz neuer Bismarck die politische Bühne, ein Mann, der entschieden an dem festhielt, was er, zum Teil scheinbar bloß aus taktischen Erwägungen, vor dem Krieg gesagt und geplant hatte, und der es ebenso entschieden ablehnte, sich von den Umständen die Ziele diktieren zu lassen, ja, der nun außen- wie innenpolitisch einen Freund wie Feind gleichermaßen überraschenden Kurs zu steuern begann.

Den Auftakt bildete seine Behandlung des geschlagenen österreichischen Kaiserstaats. Den von seinem König und den Militärs so sehr gewünschten Einzug der siegreichen Truppen in Wien, die Abtretung einer Provinz, die Zahlung einer über das Übliche hinausgehenden Kriegsentschädigung – all das lehnte er, einen leidenschaftlichen Konflikt mit seinem Monarchen nicht scheuend, ab. Kein Siegfrieden, sondern ein Verständigungsfriede, lautete die Parole, bei deren Verfolgung ihm der gleichfalls außerordentlich überraschte preußische Kronprinz hocherfreut zur Seite trat.

Natürlich spielte dabei die Sorge vor einer Intervention Frankreichs und in ihrem Gefolge dann vielleicht auch anderer europäischer Mächte eine erhebliche Rolle. Aber Bismarcks Motive gingen doch weit darüber hinaus. Es galt in seinen Augen nicht nur, die erzielten Ergebnisse zu sichern, also die Auflösung des Deutschen Bundes und die unbedingte Vorrangstellung Preußens im nördlichen Deutschland bis zum Main, teils durch Annexionen wie diejenigen Hannovers, Kurhessens und Frankfurts, teils durch die Begründung eines neuen, des Norddeutschen Bundes. Es galt auch, ganz neue Zukunftsperspektiven zu eröffnen bis hin zur Neutralität Österreichs in einem weiteren Konflikt, etwa mit Frankreich, ja, bis hin zu einem neuerlichen Zusammengehen der beiden deutschen Großmächte auf der Basis der grundlegend veränderten und von Österreich auch innerlich akzeptierten neuen Situation in Mitteleuropa.

So wurde schließlich Ende Juli der Vorfriede von Nikolsburg als ein ausgesprochener Verständigungsfrieden abgeschlossen mit dem gleichzeitigen Ergebnis, daß Frankreich, dessen Kaiser mit dem deutschen Krieg und seiner geplanten Vermittlungsaktion große Hoffnungen verknüpft hatte, völlig leer ausging – sieht man von der vagen preußischen Zusicherung ab, man werde französischen Expansionsbestrebungen in französischsprachige Gebiete, etwa nach Belgien oder Luxemburg, prinzipiell nicht feindlich gegenüberstehen.

Kaum war Bismarck aus Böhmen nach Berlin zurückgekehrt, da wurde zur Überraschung, ja, zur Irritation der Konservativen, die am Tage von Königgrätz bei den auf diesen Tag angesetzten Abgeordnetenhauswahlen einen großen Wahlerfolg erzielt hatten, immer deutlicher, daß Bismarck nach dem außen- auch einen innenpolitischen Verständigungsfrieden anstrebte und daß er den neu zu begründenden Bund, den späteren Norddeutschen Bund, tatsächlich auf die Grundlagen zu stellen gedachte, die er in seinem Bundesreformplan vom April 1866 umschrieben hatte. Seine Ankündigung gegenüber Johannes Miquel, einem ehemaligen Achtundvierziger, Ende Mai 1866: »Wenn wir gesiegt haben, sollen Sie Verfassung genug haben«, war also offenbar doch nicht bloße Propaganda gewesen.

Als Weg aus dem Konflikt und als Grundlegung künftiger Zusammenarbeit schlug Bismarck eine Regierungsvorlage an das Abgeordnetenhaus vor. In ihr wurde das Parlament ersucht, nachträglich die Ausgaben zu billigen, die man seit 1861/62 ohne parlamentarische Zustimmung getätigt hatte. Sie seien nötig gewesen, um einen Staatsnotstand zu vermeiden, beharrte der Monarch in seiner Thronrede, mit der er am 5. August den neugewählten Landtag eröffnete, auf seinem und dem Rechtsstandpunkt der Regierung. Aber man müsse einräumen, daß den entsprechenden Handlungen »die gesetzliche Grundlage« gefehlt habe, und das wolle man nun nachträglich in Ordnung bringen, indem man das Parlament rückwirkend um Zustimmung und im nachhinein um Billigung, um »Indemnität«, ersuche. »Ich hege das Vertrauen«, so Bismarck durch den Mund des Monarchen, »daß die jüngsten Ereignisse dazu beitragen werden, die unerläßliche Verständigung insoweit zu erzielen, daß meiner Regierung in bezug auf die ohne Staatshaushaltsgesetz geführte Verwaltung die Indemnität, um welche die Landesvertretung angegangen werden soll, bereitwillig erteilt und damit der bisherige Konflikt für alle Zeit ... zum Abschluß gebracht werden wird.«

An dieser sogenannten Indemnitätsvorlage ist die schon bröckelnde Front der Liberalen, die Einheit der Fortschrittspartei endgültig zerbrochen. Aus ihrem Schoß bildete sich die nationalliberale Partei, die sich vor allem im Hinblick auf die Lösung der nationalen Frage und auf eine entsprechende Gestaltung der Verhältnisse in dem neugegründeten Norddeutschen Bund künftig zu begrenzter Zusammenarbeit mit Bismarck bereit erklärte. Ähnliches galt von anderen Voraussetzungen her und unter etwas anderer Akzentsetzung für die Konservativen. Während hier ein Teil, mit Bismarcks Außen-, auch seiner Annexionspolitik ebenso unzufrieden wie mit seiner neuen Innenpolitik, in die Opposition schwenkte, unterstützte ein anderer, vor allem aus höheren Beamten und Diplomaten bestehender Teil, die Freikonservativen, Bismarck weitgehend vorbehaltlos.

Es ist viel darüber gestritten worden, ob diese Schwenkung Bismarcks wiederum vor allem taktisch gemeint gewesen sei, seiner eigenen Macht unter Spaltung der Gegner und Einbindung eines Teils von ihnen in eine bloße Unterstützungskoalition eine noch festere Basis und unabhängigere Stellung habe geben sollen. Und noch mehr hat man darüber diskutiert, ob sich der nun zu begrenzter Zusammenarbeit bereite Teil der ehemaligen Fortschrittspartei unter Preisgabe zentraler Grundsätze und bisher leidenschaftlich verteidigter Ziele und Gestaltungsprinzipien nur opportunistisch dem Erfolg, der siegreichen Macht gebeugt habe oder ob dahinter gar das Kalkül stand, Bismarck in nationaler wie in innenpolitischer Hinsicht vor den eigenen Wagen zu spannen und ihn schließlich politisch zu überspielen; der »Absolutismus«, so ein bayerischer Liberaler, werde ein Programm ausführen, »das wir für den Liberalismus aufgestellt haben«.

Das kann hier nicht im einzelnen erörtert werden. Aber es erscheint jedenfalls unübersehbar, daß Bismarck, der einstige junge Mann und Wortführer der Hochkonservativen, hier – sicher nicht, um seine eigene Machtstellung einzugrenzen oder zu vermindern – die bisher größte Annäherung an die in Wirtschaft und Gesellschaft vorherrschenden Kräfte seiner Zeit, an das besitzende und gebildete Bürgertum, an die Exponenten grundlegender struktureller Erneuerungen und Veränderungen im wirtschaftlichen, im sozialen, im rechtlichen, auch im geistig-kulturellen Bereich, nicht zuletzt an die Sprecher der nationalen Bewegung und Idee vollzogen hat.

Im Bündnis mit diesen Kräften und unter seiner, Bismarcks, Führung erlebten Wirtschaft, Gesellschaft und Staat zunächst im Norden, dann auch im Süden Deutschlands in den folgenden Jahren einen förmlichen Modernisierungsschub. Er ließ schließlich die betreffenden, 1871 im Deutschen Reich vereinigten Gebiete Mitteleuropas in vielen Bereichen als Zentrum des Fortschritts erscheinen. Diese hochmodernen Züge des Norddeutschen Bundes und dann des Reiches sind zeitweise sehr in den Hintergrund getreten: durch die Betonung der zweifellos nach wie vor vorhandenen und durch die außenpolitischen und militärischen Erfolge noch verstärkten herkömmlichen, ja, zum Teil archaischen Elemente und Faktoren im Staatsaufbau und in der Gesellschaftsstruktur, in den Formen der politischen Willensbildung und nicht zuletzt in den Mentalitäten. Erst wenn man sich jene spezifische Modernität des Norddeutschen Bundes und dann des Deutschen Reiches von 1871 vor Augen hält, gewinnt man jedoch ein Bild von der Dynamik und den inneren Spannungen, den Erfolgen und den Grenzen der doppelten Staatsneu- und Staatsumgründung, die sich mit Bismarcks Namen verbindet.

Vor allem der Norddeutsche Bund mit seiner ganz neuen politischen Verfassung, mit den sogleich eingeleiteten grundlegenden Rechtsreformen, mit seinen tiefgreifenden wirtschaftlichen Strukturanpassungen, mit seinen höchst folgenreichen Eingriffen in die von Land zu Land unterschiedliche Heeresverfassung, die Sozialverfassung, in die jeweilige Gewerbeordnung und das jeweilige Bildungssystem, mit seiner Verkehrs- und Strukturpolitik erschien vielen Zeitgenossen geradezu als ein Laboratorium der Moderne. Sein schließlicher außenpolitischer und militärischer Erfolg galt dann zugleich als Beleg für die rasch erzielte Überlegenheit. Kein Wunder, daß auch das Bild seines leitenden Politikers einen raschen und stürmischen Wandel erfuhr oder, besser gesagt, in den vielfältigen und höchst unterschiedlichen Deutungen jede Eindeutigkeit verlor. Es reichte von der Vorstellung eines bei aller Flexibilität nach wie vor unbeugsamen und prinzipienfesten Verteidigers der politischen und gesellschaftlichen Grundlagen der Ordnung Alteuropas bis hin zu dem Bild des machiavellistischen Zerstörers aller Überlieferung, aller Ordnungen und Werte der Vergangenheit, des Revolutionärs ohne Ethos und ohne Überzeugungen.

Das waren freilich vor allem Projektionen, Projektionen, die einen in der Tat dramatischen, in vielem schwer zu durchschauenden und in mancher Beziehung beunruhigenden Prozeß auf das Handeln eines einzelnen, des Mannes an der Spitze des Staates, zurückführten. Sie bewirkten eine Dämonisierung dieses einzelnen, die ihrerseits gefährliche Rückwirkungen haben konnte. Die Wirklichkeit, sprich der Befund dessen, was sich dem einzelnen wirklich zurechnen läßt, sah und sieht sehr viel nüchterner aus.

Neben der politischen Verfassung des Norddeutschen Bundes, die Bismarck in ihren entscheidenden Grundzügen ganz klar als Machtordnung, als Sicherung des monarchischen Prinzips und der von Parteien und Parlament politisch weitgehend unabhängigen Stellung der Regierung konzipiert hat, galt das Hauptaugenmerk des preußischen Ministerpräsidenten der Sicherung und dem inneren und äußeren Ausbau der neu errungenen Machtstellung des preußischen Staates und des von ihm wesentlich beherrschten Norddeutschen Bundes. Damit war die sogenannte nationale Frage in vielfältiger Weise verbunden: über die Erwartungen der Öffentlichkeit und vor allem auch der ihn nun politisch tragenden Parteien, insbesondere der Nationalliberalen; über die Frage des künftigen Verhältnisses der süddeutschen Staaten zum Norddeutschen Bund; über die außenpolitische Konstellation und das Problem des Machtgleichgewichts in Europa in einem durch die Entscheidungen von 1866 tief erschütterten europäischen System; nicht zuletzt über die zugleich in Frage gestellten und herausgeforderten Hegemonieansprüche Frankreichs und die in der europäischen Öffentlichkeit und den europäischen Kabinetten weitverbreitete Ansicht, 1866 sei nur ein Interim und das deutsche Problem nach wie vor ungelöst.

An rasche Lösungen hat Bismarck nie geglaubt, eher mit längeren Fristen gerechnet. Und jedenfalls hat er nicht über einen exakten, genau kalkulierten und vorausberechneten Reichseinigungsplan verfügt, wie ihn manche rückblickend erschließen zu können meinten. Als sich im Frühjahr 1867 über einen recht ungeschickt eingeleiteten und durchgeführten Versuch des napoleonischen Frankreich, Luxemburg zu erwerben, in Deutschland eine starke antifranzösische Welle erhob und auch ein großer Teil der preußischen Armeeführung auf einen Krieg mit Frankreich drängte, um zu einer raschen Lösung der deutschen Frage zu gelangen, da hat Bismarck zuletzt sehr entschieden gebremst und einen Ausgleich auf dem Verhandlungswege durchgesetzt. »Wenn wir Krieg bekommen«, bemerkte er in dieser kritischen Lage einmal, »wird uns gleich eine ganze Serie bevorstehen: Wer das erste Mal unterliegt, wird nur die Zeit abwarten, bis er wieder Atem geschöpft hat, um von neuem zu beginnen.« Auf der anderen Seite aber war er natürlich auch nicht der Mann, einem militärischen Konflikt auf die Dauer auszuweichen, zumal er sehr gut wußte, daß sich manche Probleme einer deutschen Einigung, wie sie ihm jetzt vorschwebte, im Zuge eines solchen Konfliktes sehr viel leichter würden lösen lassen.

Eine derartige Einigung dürfe, das stand für ihn schon sehr früh, nach dem erfolgreichen Abschluß der Verhandlungen über die Verfassung des Norddeutschen Bundes, fest, keinesfalls noch einmal die Verfassungsfrage aufwerfen. Angesichts der Stärke des süddeutschen Liberalismus drohten dann die Vorrangstellung der deutschen Fürsten mit dem preußischen Monarchen an der Spitze und die weitgehend unabhängige Position der Regierung in Gefahr zu geraten und mit ihnen das, was ihm bei aller Beweglichkeit innenpolitisch unverzichtbar schien. Das Ziel war daher der Anschluß der süddeutschen Staaten, sprich der süddeutschen Monarchen, an den Norddeutschen Bund auf dem Verhandlungswege, also durch entsprechende Regierungsvereinbarungen, die dann anschließend durch die süddeutschen Landtage beziehungsweise den Reichstag des Norddeutschen Bundes nur noch gebilligt werden sollten. Dabei hat er keine Form von Druck ausgeschlossen, durch einzelne Parteien, durch die nationale Bewegung insgesamt, durch wirtschaftliche Interessen und gezielte wirtschaftspolitische Maßnahmen, schließlich und nicht zuletzt durch Beschwörung angeblicher oder tatsächlicher außenpolitischer Bedrohungen und die Benützung und Ausbeutung daraus resultierender Gefahrensituationen.

Diese Elemente hat Bismarck zwischen 1867 und 1870 eines nach dem anderen verwendet, je nachdem, wie sie sich anboten. Man kann nicht sagen, daß er einem von ihnen von vornherein den Vorzug gegeben habe. Aber im Laufe der Zeit und je mehr sich zeigte, daß die zentrifugalen Kräfte gerade auch im Süden eher stärker als schwächer wurden, hat er sich wohl doch zunehmend davon überzeugt, daß eine außenpolitische Krisensituation nicht nur in starkem Maße beschleunigend wirken, sondern die Lösung der ganzen Frage außerordentlich erleichtern würde. So war er schließlich 1869/70 nicht mehr besonders geneigt, eine neu entstehende Krisensituation, wie noch 1867, zu entschärfen, tendierte im Gegenteil eher dazu, sie auszunützen – was dann leicht darauf hinauslaufen konnte, sie mehr oder weniger gezielt anzuheizen.

Damit ist zugleich gesagt, daß die sich im Laufe des Jahres 1869 mit vielen Unterbrechungen entwickelnden Pläne von spanischer Seite, einen Prinzen aus dem Hause Hohenzollern auf den spanischen Thron zu erheben, der durch die Vertreibung der absolutistisch regierenden Isabella II. vakant geworden war, zumindest nicht auf den entschiedenen Widerstand des preußischen Ministerpräsidenten gestoßen sind. Natürlich wußte Bismarck, daß eine solche Lösung Napoleon III., seine Regierung und auch weite Kreise der französischen Öffentlichkeit außerordentlich beunruhigen mußte – eine derartige Umklammerung stellte seit den Tagen der Habsburger für Frankreich ein förmliches Trauma dar. Daß er die entsprechenden Überlegungen nicht nur zuließ, sondern sie auch, wenngleich nicht kontinuierlich, förderte – in welchem Ausmaß ist bis heute umstritten –, zeigt, daß das Entstehen von Konfliktherden durchaus in seine Pläne paßte; es gab auch noch andere, die er mit großer Aufmerksamkeit beobachtete. Das heißt nicht, daß er hier planmäßig eine Falle aufgebaut, gar einen Kriegsgrund geschaffen hätte. Es heißt aber, daß seine Konfliktbereitschaft wuchs und daß er sich von einem solchen Konflikt zunehmend etwas versprach, ihn für seine Ziele glaubte nutzen zu können.

Die eigentliche Konfliktinitiative ist dann freilich in der letzten, entscheidenden Phase ganz und sehr eindeutig von Frankreich ausgegangen. Das napoleonische Regime, das sich zu einem nicht unerheblichen Teil auf außenpolitische Erfolge stützte, war seit dem Scheitern des mexikanischen Abenteuers 1865 und vor allem dann seit Königgrätz und der Auseinandersetzung um Luxemburg in eine tiefe innere Krise geraten. Napoleon III. sah sich zu weitgehenden Zugeständnissen an die liberale Opposition veranlaßt bis hin zur Errichtung eines förmlichen »Empire liberal« mit einem parlamentarisch verantwortlichen Ministerpräsidenten an der Spitze. Weder die von Emile Ollivier geführte neue Regierung noch Napoleon selber konnten sich eine weitere außenpolitische Schlappe leisten, und die napoleonische Rechte hoffte ihrerseits, durch einen großen außenpolitischen Erfolg wieder das Heft in die Hand zu bekommen, also die Entwicklung umzukehren. Sie hatte in diesem Sinne seit längerem versucht, ein französisch-österreichisches und französisch-italienisches Bündnis zur Revision der Entscheidungen von 1866 zusammenzubekommen und nahm sich nun, geführt von dem Herzog von Gramont, dem langjährigen französischen Botschafter in Wien, der spanischen Thronfolgefrage mit dem klaren Ziel an, Preußen und Bismarck eine diplomatische Niederlage zu bereiten – ein Wink nach Madrid hätte mit einiger Sicherheit genügt, die spanischen Militärs um General Prim von ihren Plänen Abstand nehmen zu lassen.

Das gleiche Ziel verfolgte auch Bismarck, wenn er von Beginn des Jahres 1870 an die Thronkandidatur des Sigmaringer Hohenzollernprinzen Leopold nun eindeutig begünstigte und dafür die Zustimmung Wilhelms I. als Chef des Hauses Hohenzollern zu erreichen suchte. Dieser hielt sich allerdings sehr zurück und überließ die Entscheidung ganz den Sigmaringern. Und auch sonst lief die Angelegenheit nicht so, wie Bismarck gehofft hatte. »Die Spanische Sache hat einen elenden Verlauf genommen«, zog er Mitte Mai 1870 Bilanz. »Die zweifellose Staatsräson« sei den »fürstlichen Privatneigungen und ultramontanen Frauen-Einflüssen untergeordnet worden«. »Die Verstimmung hierüber«, fuhr er fort, »lastet seit Wochen schon auf meinen Nerven.«

In Paris war mittlerweile der Herzog von Gramont als Außenminister und als eigentlicher starker Mann in die Regierung des liberalen Emile Ollivier eingetreten. Nach Bismarcks sicher nicht falscher Einschätzung bedeutete das, daß Frankreich gegenüber Preußen auf Konfliktkurs zu gehen entschlossen war. Wenn er in dieser Situation an der Thronkandidatur festhielt und den Sigmaringer Erbprinzen veranlaßte, seine Absage vom 20. April rückgängig zu machen, so dokumentiert das, daß er einem Konflikt auch seinerseits nicht mehr ausweichen wollte, weil er ihn von der beiderseitigen Interessenlage her nun für unvermeidbar hielt.

Ob es allerdings unbedingt ein militärischer Konflikt sein würde, stand zu diesem Zeitpunkt noch dahin. Ein klarer diplomatischer Erfolg konnte für beide Seiten innen- und außenpolitisch fast von gleichem Nutzen sein – in dem einen Fall die angefochtene kontinentaleuropäische Hegemonialstellung und damit zugleich die innenpolitische Position des napoleonischen Regimes entscheidend befestigen, in dem anderen der preußischen und der deutschen Öffentlichkeit vor Augen führen, daß Preußen die anerkannte Schutz- und Vormacht in Mitteleuropa sei und alles dafür spreche, sich ihr anzuschließen.

Einen solchen klaren diplomatischen Erfolg konnte die französische Regierung dann in der Tat zunächst für sich verbuchen. Als am 2. Juli 1870 mit der offiziellen Bekanntgabe der Hohenzollernschen Thronkandidatur durch den spanischen Ministerpräsidenten die, wie Wilhelm I. sich ausdrückte, »spanische Bombe platzte«, richtete sich der Hauptstoß der französischen Reaktion, wie von Bismarck erwartet, sofort gegen Preußen, zumal die Königswahl, anders als ursprünglich geplant, erst auf den 1. August festgesetzt war und man also bis dahin von französischer Seite noch den Rücktritt des Hohenzollernprinzen von der Kandidatur betreiben konnte. In einer mit großer Spannung erwarteten Rede vor der französischen Abgeordnetenkammer verließ der Herzog von Gramont am 6. Juli den Bereich der geheimen diplomatischen Verhandlungen und legte die französische Regierung in aller Öffentlichkeit fest. »Wir glauben nicht«, erklärte er unter dem stürmischen Beifall der überwiegenden Mehrheit des Hauses, »daß die Achtung vor den Rechten eines Nachbarvolkes uns verpflichtet zu dulden, daß eine fremde Macht, indem sie einen ihrer Prinzen auf den Thron Karls V. setzt, dadurch zu unserem Nachteil das gegenwärtige Gleichgewicht der Mächte Europas stört und so die Interessen Frankreichs gefährdet.« Die französische Regierung hoffe »auf die Weisheit des deutschen und auf die Freundschaft des spanischen Volkes«. Aber, setzte Gramont drohend hinzu, »wenn es anders kommen sollte, so würden wir, stark durch Ihre Unterstützung und durch die der Nation, unsere Pflicht ohne Zaudern und ohne Schwäche zu erfüllen wissen«.

Bismarck ließ diesen Stoß ins Leere laufen, indem er erklären ließ – er selber war auf seinem pommerschen Gut Varzin –, es handle sich um eine rein dynastische Angelegenheit, mit der die preußische Regierung nichts zu tun habe. Er verwies die französische Diplomatie also auf den Chef des Hauses Hohenzollern, auf Wilhelm I., der sich zu diesem Zeitpunkt zur Kur in Bad Ems aufhielt. Dessen Reaktion glaubte er nach den Erfahrungen der letzten Monate mit einiger Sicherheit voraussagen zu können: Wilhelm I. würde, sofern es sich irgend machen ließ, versuchen, eine Eskalation zu verhindern. Wenn Bismarck freilich bestrebt war, die Nachwelt glauben zu machen, damit sei sozusagen auch von seiner Seite alles geschehen, um den sich anbahnenden Konflikt abzuschneiden und friedlich zu beenden, so gehört das in das Reich der historischen Legenden. Denn genauso, wie er die Reaktion des Königs mit einiger Sicherheit voraussagen zu können glaubte, genauso sicher meinte er erwarten zu können, daß die französische Seite versuchen werde, die Situation bis zum letzten auszunützen. Damit aber werde sie, statt sich mit dem erreichten Erfolg zu begnügen, schließlich eine offene Flanke bieten.

Ganz so ist es in der Tat gekommen. Wie Bismarck ihm geraten hatte, unterschied Wilhelm I. in einer ersten Unterredung mit dem französischen Botschafter, Graf Benedetti, zwischen seiner Funktion als König von Preußen und derjenigen als Chef des Hauses Hohenzollern. Nur in letzterer sei er mit der Kandidatur befaßt worden. Sie sei im übrigen eine Sache der Sigmaringer und von diesen zu entscheiden. Daß er dann doch sogleich energisch auf diese Einfluß nahm und der Sigmaringer Erbprinz prompt am 12. Juli auf seine Kandidatur verzichtete, mußte als ein deutliches Signal gelten, daß er es über eine dynastische Angelegenheit nicht zu einem preußisch-französischen Krieg kommen lassen wollte. Es war aber eben auch ein Rückzug und damit ein klarer Sieg der französischen Seite. Wie Bismarck vermutet hatte, war dieser Sieg Paris jedoch angesichts der Tatsache, daß die preußische Regierung jede Beteiligung abgeleugnet und der preußische König sich ganz auf seine Rolle als Chef des Hauses Hohenzollern zurückgezogen hatte, nicht eindeutig genug. Die Pariser Regierung formulierte daher einen ganzen Katalog weiterer Forderungen: Der preußische König solle sich ausdrücklich hinter den Kandidaturverzicht stellen; er solle erklären, daß er einer neuerlichen Kandidatur niemals seine Zustimmung geben werde; und er solle sich offiziell dahingehend äußern, er habe mit seiner Zustimmung zu der Kandidatur den Interessen und der Ehre der französischen Nation nicht zu nahe treten wollen.

Darauf ließ Wilhelm I. sich nicht ein, konnte es ohne Rücksprache mit seinem Regierungschef auch gar nicht. Er ließ diesem vielmehr einen telegraphischen Bericht übermitteln und stellte ihm anheim, die darin enthaltenen Nachrichten in einer ihm geeignet erscheinenden Form zu veröffentlichen. Dies tat Bismarck, indem er die »Emser Depesche« entsprechend kürzte, alle Formulierungen tilgte, die den Willen zum Ausgleich und zur Verständigung durchscheinen ließen, und die entschiedene Zurückweisung der französischen Forderungen hervorhob. Die Antwort war die französische Kriegserklärung vom 19. Juli 1870.

Im Vorfeld des Zusammenstoßes hatte Bismarck erneut alles daran gesetzt, den Konflikt zu isolieren, und er war damit, wie sich zeigte, höchst erfolgreich gewesen. Sowohl England als auch Rußland blieben neutral, und alle Versuche der napoleonischen Diplomatie, Preußens ehemalige Kriegsgegner Österreich und Dänemark in den Krieg hineinzuziehen, scheiterten ebenso wie die Bestrebungen, Italien als Bündnispartner zu gewinnen. Andererseits erklärten die süddeutschen Staaten den Bündnisfall sofort für gegeben und unterstellten ihre Truppen dem preußischen Oberbefehl. Zudem gelang es, den Krieg rasch auf französisches Territorium zu verlagern und damit die bis dahin weitverbreitete Befürchtung zu widerlegen, ein Zusammengehen der süddeutschen Staaten mit Preußen bedeute fast automatisch, daß Süddeutschland Kriegsschauplatz werde. In einer Serie siegreicher Schlachten zerstörten Preußen und seine Verbündeten den jahrhundertealten Ruf Frankreichs, über die stärkste und erfolgreichste Militärmacht des Kontinents zu verfügen. Bereits am 2. September 1870 wurde die kaiserliche Hauptarmee bei Sedan geschlagen und der Kaiser mit seiner gesamten Armee gefangengenommen. Sein Regime brach zusammen, und die in Paris errichtete provisorische Regierung signalisierte Friedensbereitschaft.

Der Weg aus dem Krieg erwies sich dann aber als weitaus schwieriger, als viele damals zunächst dachten. Die Machtverhältnisse in Paris und in ganz Frankreich waren und blieben auf längere Zeit hin ungeklärt. Es fehlte also ein Partner, der einwandfrei und bindend für die andere Seite sprechen konnte. Vor allem aber – die preußisch-deutschen Friedensbedingungen stießen in einem Punkt auf die entschiedene und einhellige Ablehnung der französischen Seite, nämlich hinsichtlich der Forderung nach Abtretung des Elsaß und eines Teils von Lothringen. Diese Forderung war von der deutschen Öffentlichkeit, der süddeutschen noch mehr als der im Norden, fast seit Beginn des Krieges erhoben worden, und auch Bismarck wie die preußische Armeeführung hatten sich ganz unabhängig davon schon sehr früh aus militärstrategischen wie aus Gründen des künftigen Machtgleichgewichts darauf festgelegt. Sie zu akzeptieren, war auf französischer Seite zunächst niemand bereit und in der Lage. So ging der Krieg über Monate weiter, entwickelte sich immer mehr zu einem die Leidenschaften tief aufwühlenden Volkskrieg und hinterließ hier wie dort Wunden, die über Jahrzehnte hin immer wieder aufbrachen.

Nicht zuletzt unter diesem Aspekt erscheint Bismarcks – schon sehr früh gefaßter – Entschluß zur Annexion von Elsaß und Lothringen im Rückblick in einem eher düsteren Licht. Bismarck selber hat später gelegentlich den Eindruck erweckt, nicht mehr völlig von der Richtigkeit seiner damaligen Entscheidung überzeugt zu sein. Im Kern aber blieb er doch sicher, damit den Interessen Preußens und Deutschlands am besten gedient zu haben. Denn, so sein Kalkül, anders als Österreich werde sich Frankreich niemals mit seiner Niederlage abfinden. Vertrieb diese Niederlage Paris doch aus seiner hegemonialen Stellung auf dem europäischen Kontinent, an die es sich seit Generationen gewöhnt hatte und von der sein Selbstverständnis ganz wesentlich abhing. Deutschland, vor allem Süddeutschland, das nun mit Preußen in einen Bundesstaat treten sollte, brauche daher zusätzliche Sicherheit, müsse den Vogesen-Kamm besetzt halten und den ostfranzösischen Festungsgürtel in seinen Besitz bringen. Auch sei Frankreich dem nun fest ins Auge gefaßten kleindeutschen Nationalstaat an Quadratkilometern und Bevölkerungszahl – den klassischen Meßzahlen der vorindustriellen Zeit – und damit an Macht ohne Abtretung des Elsaß und eines Teils von Lothringen nach wie vor überlegen und damit eine permanente Gefahr.

So hat Bismarck ohne je zu schwanken auf der Abtretungsforderung bestanden, auch als die Gefahr einer Intervention der Neutralen, Rußlands und Englands, immer größer wurde. Er hat dafür all die Probleme in Kauf genommen, die sich seit dem September 1870 in zunehmendem Maße auftaten: den Stimmungswechsel in weiten Teilen der europäischen Öffentlichkeit, die Unwägbarkeiten eines Volks- und Guerillakrieges, die zunehmende Barbarisierung des Krieges, gipfelnd in der Frage, ob man die französische Hauptstadt aushungern oder bombardieren solle, nicht zuletzt die wachsenden Konflikte zwischen politischer und militärischer Führung im eigenen Lager.

Einen unübersehbaren Vorteil hatte freilich die Verlängerung des Krieges, ohne daß man sagen kann, daß Bismarck sie deswegen bewußt herbeigeführt habe. Sie begünstigte jene Form der Nationalstaatsbildung, wie sie Bismarck seit der Gründung des Norddeutschen Bundes mit seiner eindeutigen preußischen Hegemonie und seiner ganz auf ihn als Bundeskanzler zugeschnittenen Verfassung im Auge gehabt hatte: die Schaffung eines größeren Bundesstaates durch Anschluß der süddeutschen Staaten an den Norddeutschen Bund.

Die Verhandlungen darüber fanden in getrennten Sitzungen, also jeweils nur mit den einzelnen Regierungsdelegationen der süddeutschen Staaten, im Oktober und November 1870 im Hauptquartier in Versailles statt. Vor allem mit Bayern gestalteten sie sich sehr zähflüssig, da Ludwig II. und seine Regierung möglichst viel von der bayerischen Selbständigkeit retten wollten. Die Eisenbahn, die Post, das Telegraphenwesen sollten, so wurde schließlich vereinbart, unter ausschließlich bayerischer Verwaltung bleiben, in Friedenszeiten auch das Heer; dem Bundesfeldherrn, dem künftigen Kaiser, wurde lediglich ein »Besichtigungsrecht« zugestanden. Die Besteuerung von Bier und Branntwein, zwei sehr ergiebige Finanzquellen, blieb ausschließlich dem bayerischen Fiskus vorbehalten, und mit der Schaffung eines speziellen Bundesratsausschusses für auswärtige Angelegenheiten unter bayerischem Vorsitz verschaffte man Bayern und der bayerischen Regierung den Eindruck, über die einflußreiche Länderkammer, also den Bundesrat, auch künftig in der Außenpolitik noch eine gewisse eigenständige Rolle spielen zu können – in der Praxis blieb dieser Ausschuß dann freilich ganz bedeutungslos.

Als Gegengabe für diese von der liberalen Nationalbewegung kritisch und mißtrauisch aufgenommenen Zugeständnisse, die in geringerem Maße auch Württemberg gemacht wurden, erklärte sich der bayerische König schließlich bereit, Wilhelm I. namens der deutschen Monarchen die Kaiserkrone anzutragen. Daß diese formelle Besiegelung der bundesstaatlichen Einigung des außerösterreichischen Deutschland als eines Bundes der Fürsten und freien Städte noch zusätzlich durch eine jährliche Geldzuwendung an die Privatschatulle des bayerischen Königs erkauft worden war, wußte die Öffentlichkeit damals ebensowenig wie, daß der sogenannte Kaiserbrief Zeile für Zeile aus der Feder Bismarcks stammte.

So waren Ende November 1870 die Würfel endgültig in Bismarcks Sinne gefallen. »Die deutsche Einheit ist gemacht, und der Kaiser auch«, verkündete der Kanzler des Norddeutschen Bundes damals triumphierend seinen Mitarbeitern. Am 21. Januar 1871 gab als letztes Parlament der bayerische Landtag den Verträgen mit freilich sehr knapper Mehrheit seine Zustimmung. Bereits drei Tage vorher, am 18. Januar 1871, waren im Spiegelsaal des Versailler Schlosses, dem großen Empfangssaal Ludwigs XIV., im Gedränge von Bundesfürsten und Prinzen, hohen Militärs und Ministern aller neuen und alten Bundesstaaten – auch eine kleine Delegation des Reichstags des Norddeutschen Bundes war im Hintergrund anwesend – der »deutsche Kaiser« und damit das neue Reich proklamiert worden. Ihm sei, kommentierte der bayerische Prinz Otto in einem Brief an seinen königlichen Bruder, an Ludwig II., die Szene, »unendlich weh und schmerzlich« zumute gewesen: »Alles so kalt, so stolz, so glänzend, so prunkend und großtuerisch und herzlos und leer.«

Eine solche Stimme fiel freilich ganz aus dem Rahmen. Die Begeisterung über die endlich erreichte nationale Einigung übersprang fast alle politischen Grenzen und drängte, für den Augenblick zumindest, die Bedenken gegenüber dem zurück, was der Aufbau des neuen Reiches und seine Verfassung aus liberaler und demokratischer Perspektive an Wünschen und unerfüllten Erwartungen offenließ. Aus dem verhaßten Konfliktminister war der umjubelte »Reichsgründer« geworden, der, so sah es die deutsche Öffentlichkeit, sein Werk am 26. Februar 1871 mit der Unterzeichnung eines »Siegfriedens« mit dem endgültig geschlagenen Frankreich krönte – außer der Abtretung des Elsaß und eines Teils von Lothringen wurde auch noch eine Kriegsentschädigung von mehreren Milliarden Goldfranken vereinbart, bis zu deren endgültiger Zahlung ein Teil des Landes von deutschen Truppen besetzt bleiben sollte.

Nur ein ganz kleiner Kreis wußte damals, daß es dazu nicht nur größter Anstrengungen, der Aufwendung allen diplomatischen und politischen Geschicks bedurft hatte, sondern daß der Weg dahin nicht nur einmal, begleitet von ständigen Auseinandersetzungen mit den Militärs und dem eigenen Monarchen, sehr nah an den Abgrund geführt hatte: an eine europäische Ausweitung des Krieges mit ganz dunklen Perspektiven, an die Grenzen eines wechselseitigen Vernichtungskrieges, an die Erschütterung seiner eigenen Machtstellung. Im unmittelbaren Vorfeld des 18. Januar hatte es einen schweren Konflikt mit seinem eigenen König, mit Wilhelm I., gegeben, der in völligem Unverständnis gegenüber der Struktur des neugegründeten Staates als eines Fürstenbundes Reichsmonarch, »Kaiser von Deutschland« und nicht nur »deutscher Kaiser« hatte werden wollen.

Der Jubel, der Bismarck bei seiner Rückkehr aus Frankreich nun fast von allen Seiten entgegenschlug – gipfelnd in der Verleihung der Ehrenbürgerwürde durch die ihm lange so feindlich gesinnte preußische und nun deutsche Hauptstadt –, er war, so mußte es ihm scheinen, in einer Hinsicht die Kehrseite des Hasses, der dem Attentäter vom Mai 1866 die Waffe geführt hatte: Hier wie dort verbarg sich hinter den Emotionen ein tiefes Unverständnis vom Wesen der Politik, ihrer Möglichkeiten und ihrer Grenzen, ihrer Bedingungen und ihrer darin liegenden Chancen, des Machbaren und dessen, was sich der Gestaltung durch den einzelnen entzog. »Ich habe die größte Angst«, so hat Bismarck es in einem Tischgespräch Anfang Dezember 1870 in Versailles einmal so salopp wie klarsichtig formuliert: »Die Leute ahnen nicht, was die Lage ist. Wir balancieren auf der Spitze eines Blitzableiters; verlieren wir das Gleichgewicht, das ich mit Mühe herausgebracht habe, so liegen wir unten.«

Das galt nicht nur für den Augenblick und nicht nur für die außenpolitische Situation, die stets prekär blieb. Es galt in zunehmendem Maße auch wieder für die Innenpolitik. Hier wie dort wirkten Kräfte, derer Bismarck sich virtuos bedient hatte, die sich aber, wenn überhaupt, auch künftig nur mit größten Anstrengungen und von Fall zu Fall einbinden und zähmen lassen würden – mit oft prekären Mitteln, die ihrerseits neue Gefahren freizusetzen drohten. Hier wie dort konnte schließlich aus dem Meister der Zauberlehrling werden.

78

79

78 Otto von Bismarck als preußischer Ministerpräsident. Zeitgenössische Aufnahme (1866)
79 Schloß Babelsberg bei Potsdam, die Sommerresidenz des preußischen Königs. Hier fand am Montag, dem 22. September 1862, jene Unterredung zwischen Wilhelm I. und Bismarck statt, die zur Berufung Bismarcks als preußischer Ministerpräsident und Außenminister führte.

80

81

82

80–81 Kaiser Franz Joseph I. im Kreise der deutschen Mitsouveräne auf dem Frankfurter Fürstentag (1863). König Wilhelm I. blieb diesem Gipfeltreffen auf Anraten Bismarcks fern.
82 Attentatsversuch auf den preußischen Ministerpräsidenten am 7. Mai 1866 in Berlin durch den Tübinger Studenten Ferdinand Cohen-Blind. Stich von Hermann Scherenberg (1866). Dresden, Sächsische Landesbibliothek
83 Die Schlacht bei Königgrätz (3. Juli 1866). Gemälde von Georg Bleibtreu (um 1870 / Original verschollen)

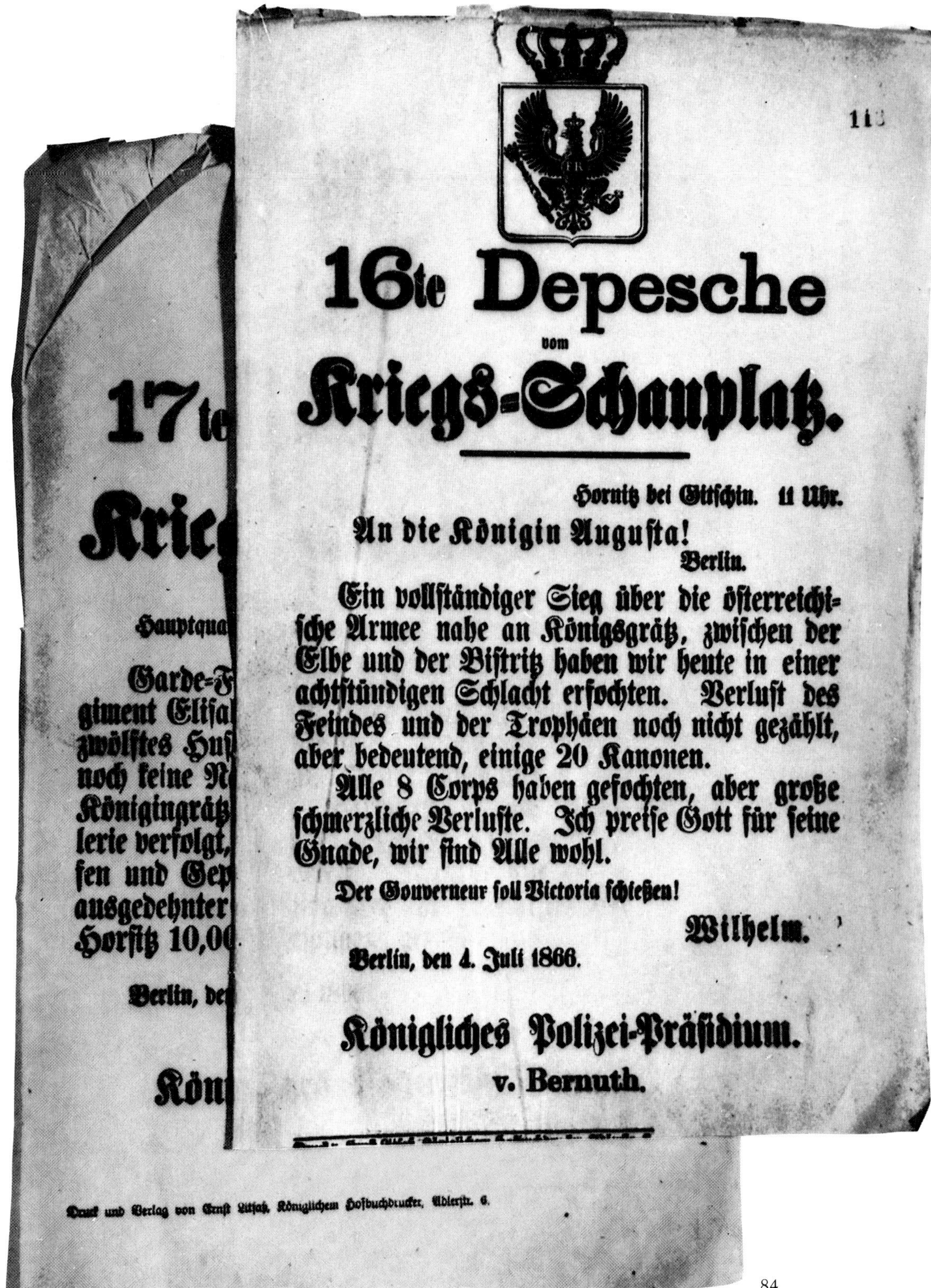

16te Depesche

vom

Kriegs-Schauplatz.

Hornitz bei Gitschin. 11 Uhr.

An die Königin Augusta!

Berlin.

Ein vollständiger Sieg über die österreichische Armee nahe an Königsgrätz, zwischen der Elbe und der Bistritz haben wir heute in einer achtstündigen Schlacht erfochten. Verlust des Feindes und der Trophäen noch nicht gezählt, aber bedeutend, einige 20 Kanonen.

Alle 8 Corps haben gefochten, aber große schmerzliche Verluste. Ich preise Gott für seine Gnade, wir sind Alle wohl.

Der Gouverneur soll Victoria schießen!

Wilhelm.

Berlin, den 4. Juli 1866.

Königliches Polizei-Präsidium.

v. Bernuth.

Druck und Verlag von Ernst Litfaß, Königlichem Hofbuchdrucker, Adlerstr. 6.

84

84 Nachricht an Königin Augusta über den preußischen Sieg in der Schlacht bei Königgrätz **85** Generalstabschef Helmuth von Moltke (Mitte stehend) und Bismarck (rechts von ihm sitzend) während einer Beratung mit preußischen Offizieren (um 1866). Dresden, Sächsische Landesbibliothek **86** Bismarck als Landwehroffizier nach der Schlacht bei Königgrätz in Nikolsburg. Fotografie von H. Schnäbeli (29. Juli 1866). Friedrichsruh, Bismarck-Museum **87** Nikolsburg (Mikulov) in Südmähren

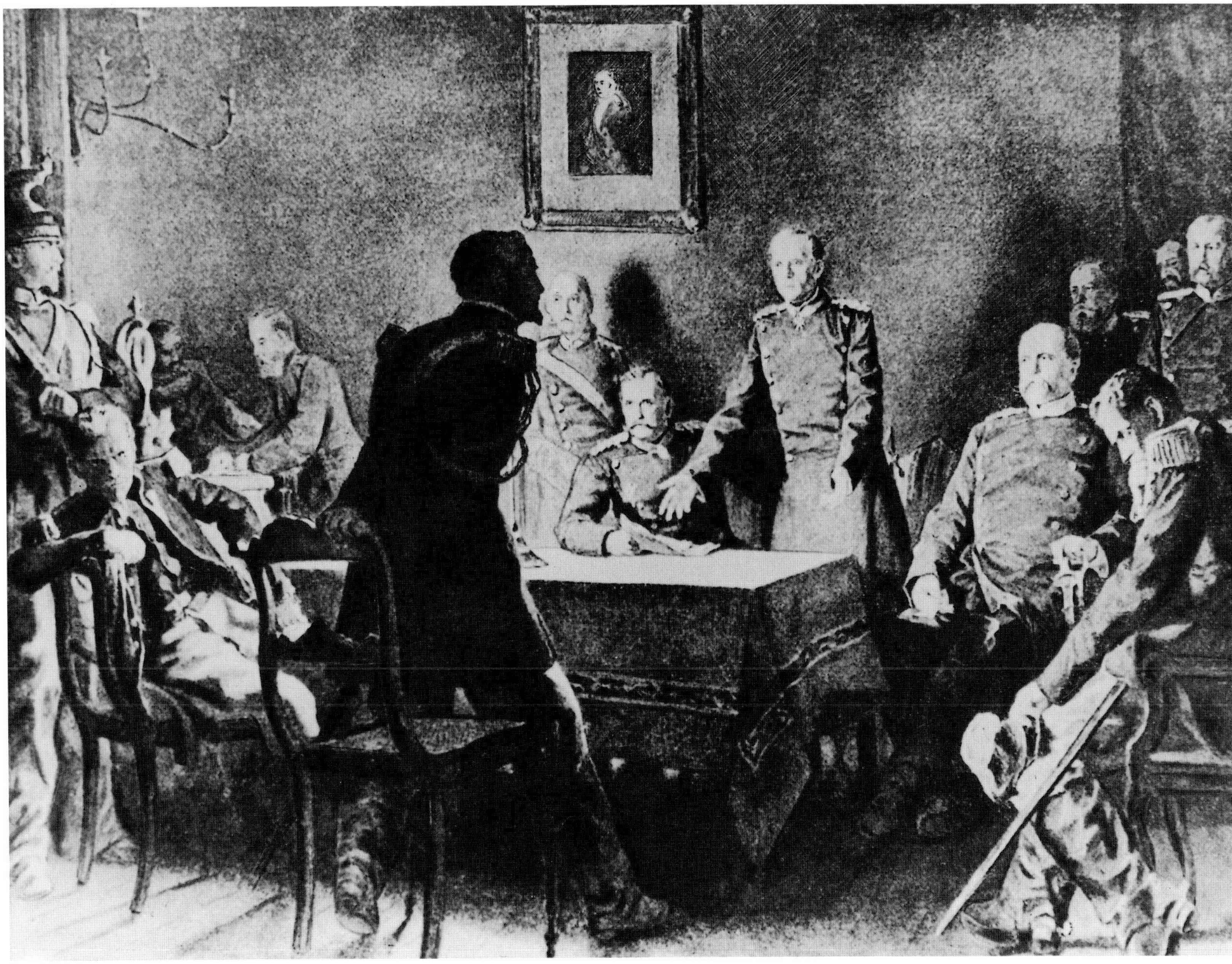
85

86

88

89

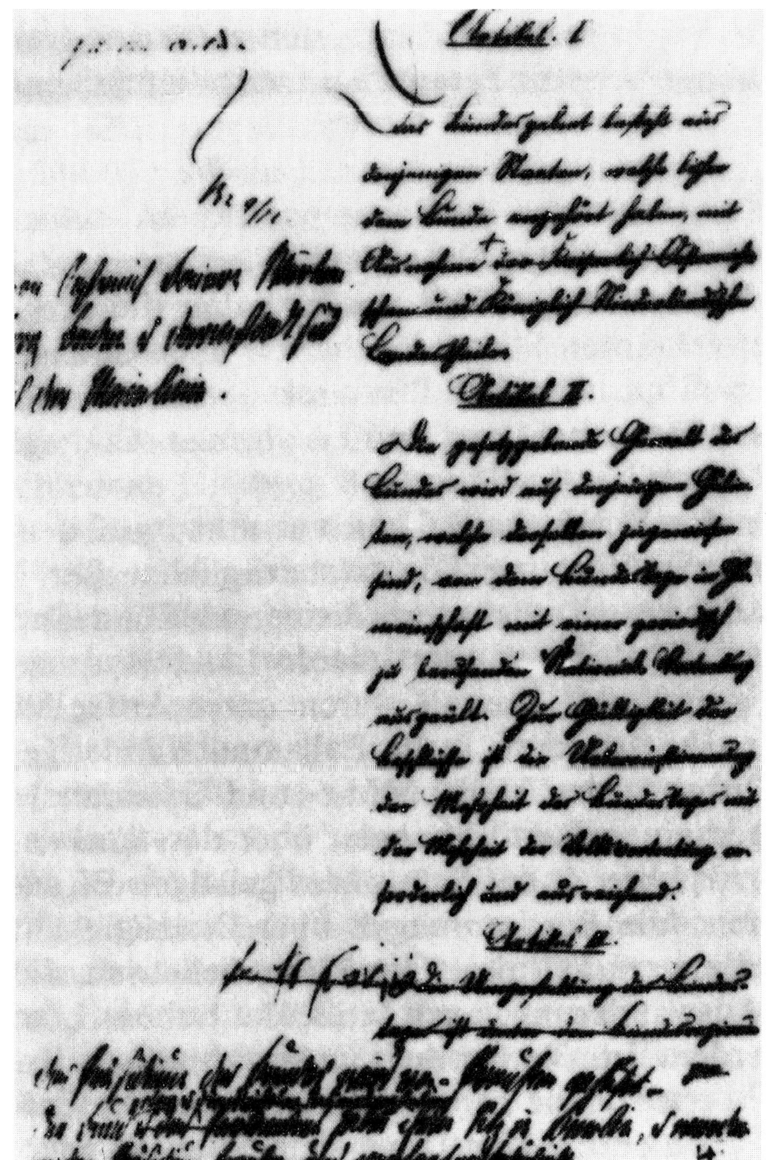

90

88 Eröffnung der konstituierenden Sitzung des Norddeutschen Reichstags durch König Wilhelm I. im Weißen Saal des Berliner Schlosses am 26. Februar 1867. Zeitgenössische Lithographie. Dresden, Sächsische Landesbibliothek
89 Seine Hoheit auf Reisen. Gemälde von Ludwig Knaus (1867). Schwalmstadt-Ziegenhain, Museum der Schwalm
90 Verfassungsentwurf des Norddeutschen Bundes (Ausschnitt) mit handschriftlichen Anmerkungen Bismarcks

91

92

91 Wilhelm I. Gemälde von Gustav Richter (1878)
92 Graf Moltke, Fürst Bismarck, Wilhelm I. und Kronprinz Friedrich Wilhelm zu Pferde (v.l.n.r.). Gemälde von Carl Wagner (1888). Karlsruhe, Staatliche Kunsthalle
93 Abreise des Königs Wilhelm zur Armee am 31. Juli 1870. Gemälde von Adolph von Menzel (1871). Berlin, Staatliche Museen Preußischer Kulturbesitz

93

94

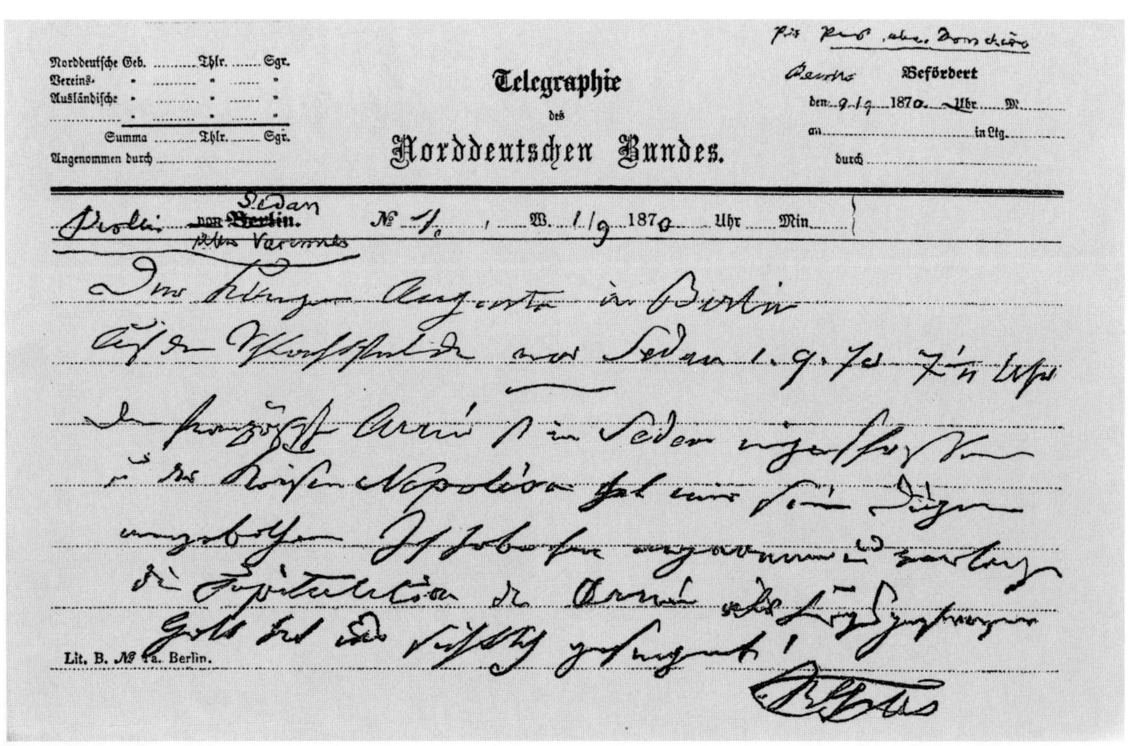

Norddeutsche Geb. .... Thlr. .... Sgr.
Vereins- ....
Ausländische ....
Summa .... Thlr. .... Sgr.
Angenommen durch ....

Telegraphie
des
Norddeutschen Bundes.

Befördert
den 2.9. 1870 Uhr ...... M.
an .... in Ltg. ....
durch ....

von ~~Berlin~~ Sedan   № 4   W. 1/9 1870 Uhr ...... Min. ......

Der Königin Augusta in Berlin
Auf dem Schlachtfelde vor Sedan 1.9.70 7¼ Uhr
Die französische Armee ist in Sedan eingeschlossen
u. der Kaiser Napoleon hat mir seinen Degen
angeboten. Ich habe ihn angenommen u. verlange
die Capitulation der Armee als Kriegsgefangene.
Gott hat uns sichtlich gesegnet!
Wilhelm

Lit. B. № 1a. Berlin.

95

96

94 Kapitulation der französischen Armee unter MacMahon bei Sedan am 2. September 1870. Gemälde von Heinrich Lang (1872). Kaiserslautern, Pfalzgalerie **95** Depesche König Wilhelms an Königin Augusta vom Schlachtfeld vor Sedan vom 1. September 1870. Schloß Rastatt, Historisches Museum
96 Napoleon III. und Bismarck vor dem Weberhäuschen bei Donchery. Tusche über Bleistift von Anton von Werner (1870). Köln, Privatbesitz. Im Hintergrund König Wilhelm I. von Preußen sowie die Generäle von Wimpffen, Castelau und von Moltke

97

98

97 Schlacht bei Gravelotte (16.–18. August 1870). Gemälde von Johann Emil Hünten (1876). Düsseldorf, Kunstmuseum
98 Im Manöver. Gemälde von Hans Schmidt (1895). Berlin, Museum für deutsche Geschichte. Dargestellt sind (v.l.n.r.) Otto von Bismarck, König Wilhelm I., Helmuth Graf von Moltke
99 Im Etappenquartier vor Paris. Gemälde von Anton von Werner (1894). Berlin, Staatliche Museen Preußischer Kulturbesitz, Nationalgalerie (Foto: Berlin, Bildarchiv Preußischer Kulturbesitz)

99

100

101

102

100 Preußische Artillerie mit Krupp-Kanonen in Paris. Foto (1870)
101 Deutsche Soldaten auf der Place de la Concorde in Paris. Foto (März 1871)
102 Helmuth Graf von Moltke (1800–1891). Foto (1887)

103 Die Proklamierung des Deutschen Kaiserreichs, Versailles, 18. Januar 1871. Schloßfassung. Gemälde von Anton von Werner (1877 / ehemals Berliner Stadt-Schloß / Kriegsverlust)

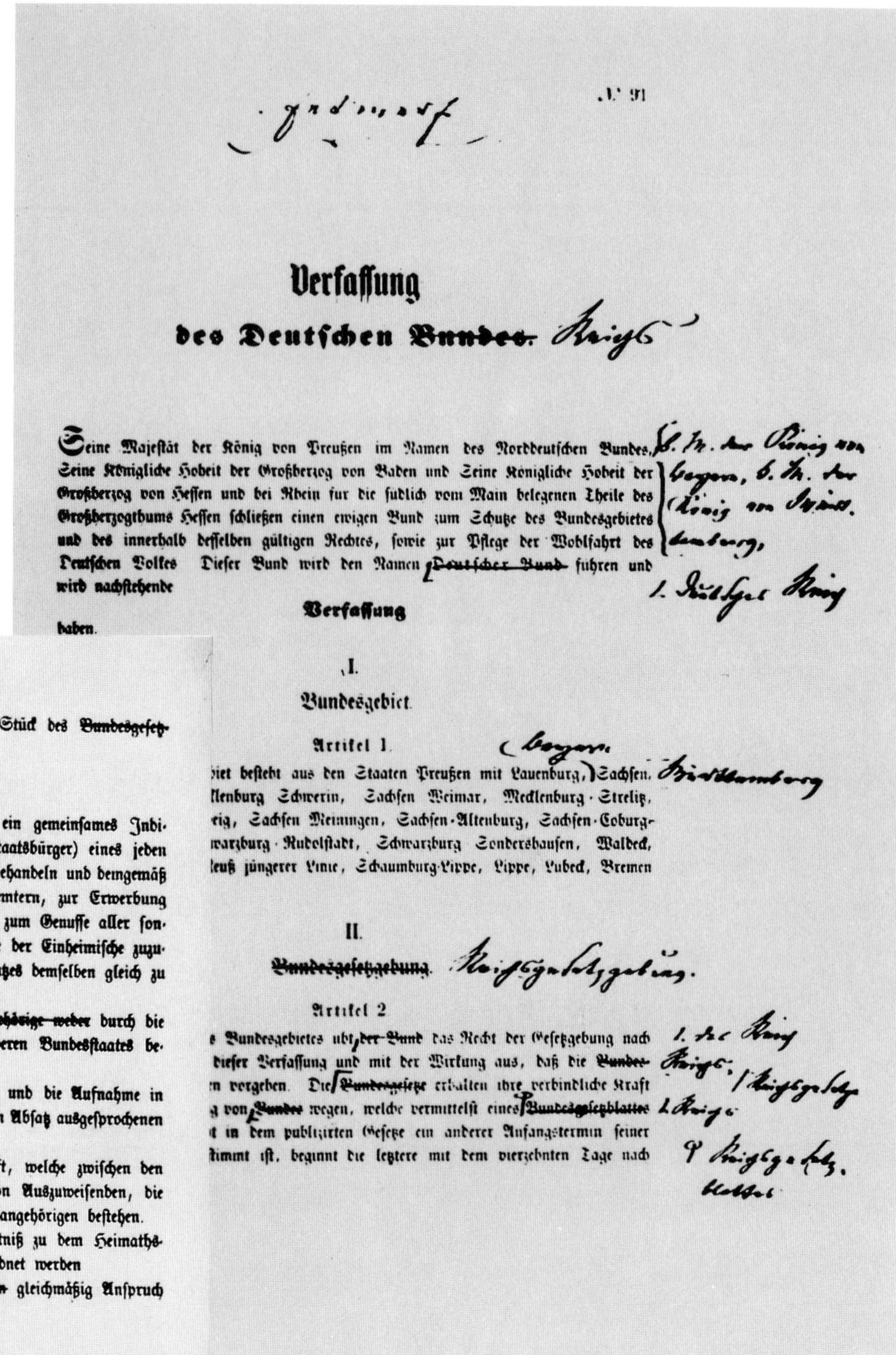
Entwurf

№ 91

Verfassung

des Deutschen ~~Bundes~~ Reichs

Seine Majestät der König von Preußen im Namen des Norddeutschen Bundes, Seine Königliche Hoheit der Großherzog von Baden und Seine Königliche Hoheit der Großherzog von Hessen und bei Rhein für die südlich vom Main belegenen Theile des Großherzogthums Hessen schließen einen ewigen Bund zum Schutze des Bundesgebietes ~~und des~~ innerhalb desselben gültigen Rechtes, sowie zur Pflege der Wohlfahrt des Deutschen Volkes. Dieser Bund wird den Namen ~~Deutscher Bund~~ führen und wird nachstehende

Verfassung

haben.

S. M. der König von Bayern, S. M. der König von Württemberg,

Deutsches Reich

I.

Bundesgebiet.

Artikel 1.

...biet besteht aus den Staaten Preußen mit Lauenburg, (Bayern, Sachsen, Württemberg) ...klenburg-Schwerin, Sachsen-Weimar, Mecklenburg-Strelitz, ...eig, Sachsen-Meiningen, Sachsen-Altenburg, Sachsen-Coburg-...warzburg-Rudolstadt, Schwarzburg-Sondershausen, Waldeck, ...euß jüngerer Linie, Schaumburg-Lippe, Lippe, Lübeck, Bremen

II.

~~Bundesgesetzgebung~~. Reichsgesetzgebung.

Artikel 2.

...s Bundesgebietes übt ~~der Bund~~ das Recht der Gesetzgebung nach ... dieser Verfassung und mit der Wirkung aus, daß die ~~Bundes~~... ...n vorgehen. Die ~~Bundesgesetze~~ erhalten ihre verbindliche Kraft ...g von ~~Bundes~~ wegen, welche vermittelst eines ~~Bundesgesetzblattes~~ ...t in dem publizirten Gesetze ein anderer Anfangstermin seiner ...timmt ist, beginnt die letztere mit dem vierzehnten Tage nach

1. das Reich
Reichs- | Reichsgesetz
2. Reichs
& Reichsgesetz-blattes

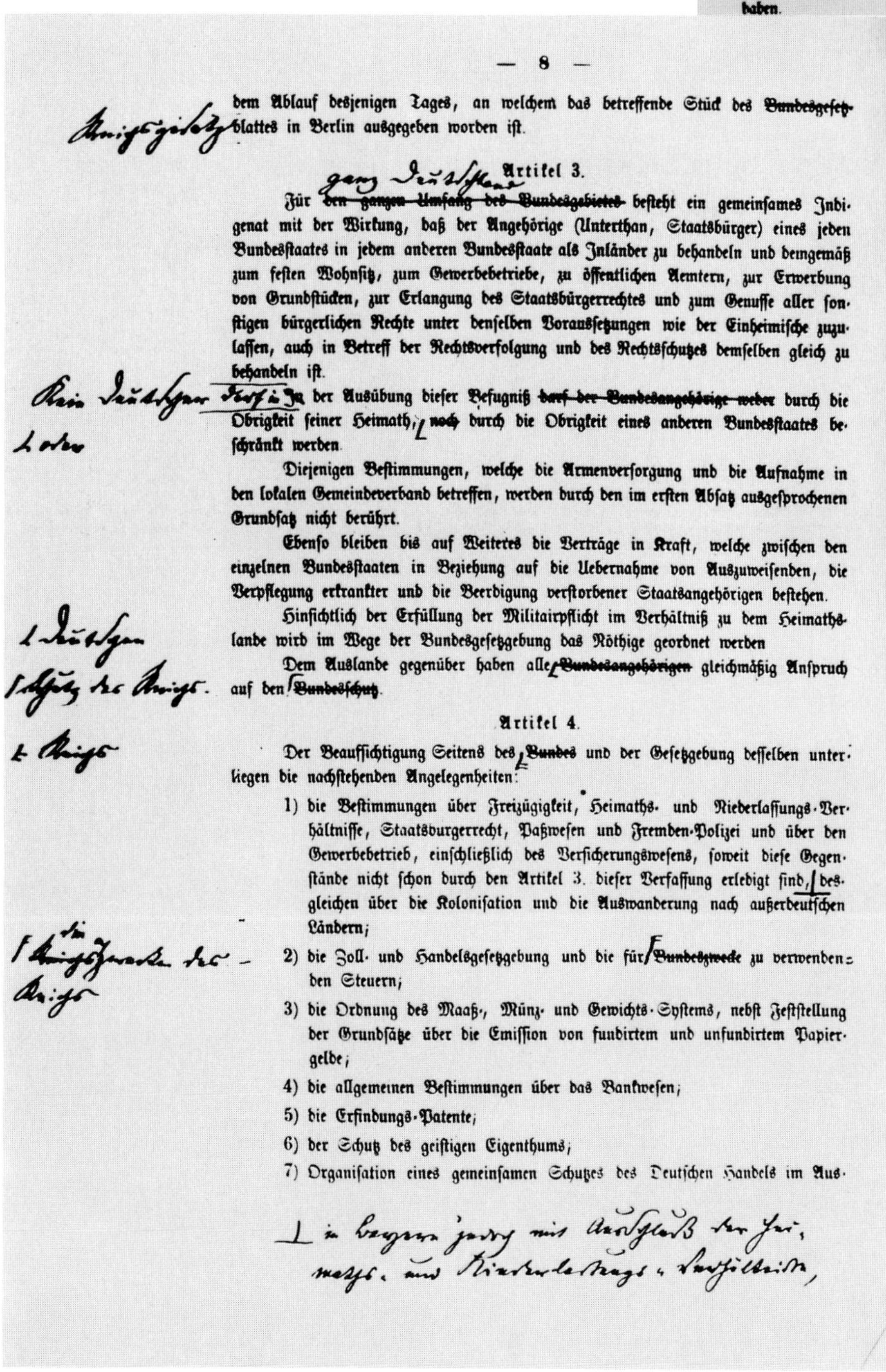
— 8 —

dem Ablauf desjenigen Tages, an welchem das betreffende Stück des ~~Bundesgesetz~~blattes in Berlin ausgegeben worden ist.

Reichsgesetz

Artikel 3.

Für ~~den ganzen Umfang des Bundesgebietes~~ ganz Deutschland besteht ein gemeinsames Indigenat mit der Wirkung, daß der Angehörige (Unterthan, Staatsbürger) eines jeden Bundesstaates in jedem anderen Bundesstaate als Inländer zu behandeln und demgemäß zum festen Wohnsitz, zum Gewerbebetriebe, zu öffentlichen Aemtern, zur Erwerbung von Grundstücken, zur Erlangung des Staatsbürgerrechtes und zum Genusse aller sonstigen bürgerlichen Rechte unter denselben Voraussetzungen wie der Einheimische zuzulassen, auch in Betreff der Rechtsverfolgung und des Rechtsschutzes demselben gleich zu behandeln ist.

Kein Deutscher darf in ~~In~~ der Ausübung dieser Befugniß ~~darf der Bundesangehörige weder~~ durch die Obrigkeit seiner Heimath, ⌊ ~~noch~~ durch die Obrigkeit eines anderen Bundesstaates beschränkt werden.

⌊ oder

Diejenigen Bestimmungen, welche die Armenversorgung und die Aufnahme in den lokalen Gemeindeverband betreffen, werden durch den im ersten Absatz ausgesprochenen Grundsatz nicht berührt.

Ebenso bleiben bis auf Weiteres die Verträge in Kraft, welche zwischen den einzelnen Bundesstaaten in Beziehung auf die Uebernahme von Auszuweisenden, die Verpflegung erkrankter und die Beerdigung verstorbener Staatsangehörigen bestehen.

Hinsichtlich der Erfüllung der Militairpflicht im Verhältniß zu dem Heimathslande wird im Wege der Bundesgesetzgebung das Nöthige geordnet werden.

Dem Auslande gegenüber haben alle ⌊ ~~Bundesangehörigen~~ gleichmäßig Anspruch auf den ⌊ ~~Bundesschutz~~.

⌊ Deutschen
⌊ Schutz des Reichs.

Artikel 4.

Der Beaufsichtigung Seitens des ⌊ ~~Bundes~~ und der Gesetzgebung desselben unterliegen die nachstehenden Angelegenheiten:

⌊ Reichs

1) die Bestimmungen über Freizügigkeit, Heimaths- und Niederlassungs-Verhältnisse, Staatsbürgerrecht, Paßwesen und Fremden-Polizei und über den Gewerbebetrieb, einschließlich des Versicherungswesens, soweit diese Gegenstände nicht schon durch den Artikel 3. dieser Verfassung erledigt sind, ⌊ desgleichen über die Kolonisation und die Auswanderung nach außerdeutschen Ländern;
2) die Zoll- und Handelsgesetzgebung und die für ⌊ ~~Bundeszwecke~~ zu verwendenden Steuern;
3) die Ordnung des Maaß-, Münz- und Gewichts-Systems, nebst Feststellung der Grundsätze über die Emission von fundirtem und unfundirtem Papiergelde;
4) die allgemeinen Bestimmungen über das Bankwesen;
5) die Erfindungs-Patente;
6) der Schutz des geistigen Eigenthums;
7) Organisation eines gemeinsamen Schutzes des Deutschen Handels im Aus-

⌊ die Reichszwecke des Reichs

⌊ in Bayern jedoch mit Ausschluß der Heimaths- und Niederlassungs-Verhältnisse,

105

104 Entwurf der Verfassung
des Deutschen Reiches (Artikel 1 bis 4) von 1870
105 Einzug Kaiser Wilhelms I. an der
Spitze seiner Truppen in Berlin am Nachmittag des 16. Juni 1871. Berlin,
Märkisches Museum

106

Mit Gott für König und Vaterland 1870/71
Entworfen vor Paris

107

106 Kaiser Wilhelm der Siegreiche. Apotheose. Gemälde von Ferdinand Keller (1888). Berlin, Staatliche Museen zu Berlin **107** Erinnerungsblatt an den Deutsch-Französischen Krieg von 1870/71. Lithographie von Hartwig, nach einer Zeichnung von C. F. Schindler (1871). Berlin, Märkisches Museum. Das Blatt zeigt in der Mitte Kaiser Wilhelm I., Kronprinz Friedrich Wilhelm (links) und Prinz Friedrich Karl; unten in der Mitte Fürst Otto von Bismarck, Helmuth Graf von Moltke (links) und Albrecht Graf von Roon. **108** Otto von Bismarck in seinem Arbeitszimmer. Gemälde eines unbekannten Malers. Friedrichsruh, Bismarck-Mühle

109 Die Wilhelmstraße in Berlin. Aquarell
auf Papier von Carl Graeb (1850). Berlin, Berlin Museum
110 Die Düppeler Schanzen. Gemälde von
Jørgen Sonne (1864). Hillerød, Nationalhistoriske
Museum på Frederiksborg Slot

111 Das Schlachtfeld bei Königgrätz (Hradec Králové). Der grüne Streifen ist der Hohlweg der Toten. **112** Friedhof mit viertausend preußischen Soldaten, die bei Chlum in der Schlacht bei Königgrätz fielen. **113** Denkmal für die bei Chlum (Schlacht bei Königgrätz) gefallenen österreichischen Soldaten **114** Hohlweg der Toten. An dieser Stelle fielen in der Schlacht bei Königgrätz am 3. Juli 1866 in einer halben Stunde rund zehntausend Soldaten, die hier auch begraben wurden.

111

112

113

114

115

116

117

118

115–117 Schloß Varzin bei Köslin in Pommern, das Bismarck im April 1867 aus dem Besitz des Grafen Blumenthal kaufte und als Wohnsitz ausbauen ließ. **118** Schloß Varzin. Farbdruck von Th. Albert nach einem Aquarell von Gemeinert (um 1890). Berlin, Geheimes Staatsarchiv Preußischer Kulturbesitz. Der »Fürstenbau« entstand 1874.

119

119 Wilhelm I. bei Sedan (Wilhelm der Siegreiche und seine Paladine). Gemälde von Johann Emil Hünten (1874). Wiesbaden, Museum Wiesbaden. Hinter Wilhelm I. reiten (v.l.n.r.) Albrecht Graf von Roon, Helmuth Graf von Moltke und Otto von Bismarck. **120** Fürst Otto von Bismarck. Gemälde von Adolph von Menzel (1871). Potsdam, Staatliche Schlösser und Gärten Potsdam-Sanssouci. Für den Festschmuck des Akademie-Gebäudes Unter den Linden anläßlich der Siegesfeier **121** Helmuth Graf von Moltke. Gemälde von Adolph von Menzel (1871). Potsdam, Staatliche Schlösser und Gärten Potsdam-Sanssouci. Für den Festschmuck des Akademie-Gebäudes Unter den Linden anläßlich der Siegesfeier

120

121

122 Schlacht bei Gravelotte (16.–18. August 1870). Gemälde von Carl Röchling (1897).
Berlin, Deutsches Historisches Museum

124

123 Bismarcks und Napoleons Zusammentreffen auf der Chaussee von Donchery am 2. September 1870. Gemälde von Anton von Werner (um 1884). Friedrichsruh, Schloß **124** Napoleon III. und Bismarck nach der Schlacht bei Sedan. Gemälde von Wilhelm Camphausen (1882). Potsdam, Staatliche Schlösser und Gärten Potsdam-Sanssouci **125** Kriegsrat in Versailles. Gemälde von Anton von Werner (1900). Hamburg, Kunsthalle. An der Beratung nahmen u. a. teil (v.r.n.l.): Otto von Bismarck, Albrecht Graf von Roon, Helmuth Graf von Moltke, Wilhelm I., Kronprinz Friedrich Wilhelm (im Vordergrund stehend).

1871
Kaiser Wilhelm und Kaiserin Augusta
die Mitglieder der Königlichen Familie
dem
Reichskanzler Fürsten Bismarck
zum 1. April 1885.

127

126 Die Proklamierung des Deutschen Kaiserreichs. Friedrichsruher Fassung mit Prunkrahmen. Gemälde von Anton von Werner (1885). Friedrichsruh, Bismarck-Museum. Kaiser Wilhelm I., Kaiserin Augusta und die Mitglieder der königlichen Familie schenkten dieses Gemälde Otto von Bismarck zum siebzigsten Geburtstag am 1. April 1885.
127 Bismarck in Paris. Gemälde von Louis (Ludwig) Braun (1873). Ingolstadt, Bayerisches Armeemuseum

128

128 Otto von Bismarck. Gemälde von Franz von Lenbach (um 1890). Nürnberg, Tucher-Schloß

VIERTES KAPITEL

DER ZAUBERLEHRLING

Als Bismarck am 10. Mai 1871 im Hotel zum Schwanen in Frankfurt am Main seine Unterschrift unter den endgültigen Friedensvertrag mit der Französischen Republik setzte, da war er zweifellos auf dem Höhepunkt seiner politischen Laufbahn angelangt. Praktisch alles, was er sich bei seinem Amtsantritt als preußischer Ministerpräsident und Außenminister im September 1862 vorgenommen hatte oder, besser gesagt, was ihm damals mehr oder weniger klar vor Augen schwebte, hatte er erreicht. Die deutsche Frage war im preußisch-kleindeutschen Sinne gelöst, das monarchische Prinzip, der Vorrang der Krone vor dem Parlament, gesichert, seine eigene Machtstellung war so umfassend, wie das in einem konstitutionell-monarchischen System nur möglich schien, Preußen in seiner deutschen Hegemonialstellung mächtiger denn je, die Rolle des Adels, der alten Führungsschichten, neu befestigt, das Land in erstaunlicher wirtschaftlicher Blüte, der innere Konflikt weitgehend überwunden und in sozusagen normale Bahnen gelenkt.

Zum gleichen Zeitpunkt freilich stand sein französischer Vertragspartner in seiner eigenen Hauptstadt mit Kräften in einem dramatischen Konflikt, den nicht nur dessen Wortführer, sondern auch viele Zuschauer auf der europäischen Bühne und auch Bismarck selber als exemplarisch empfanden. Namens der Zukurzgekommenen, der Deklassierten, der Opfer, der, wie man dann sagen sollte, unteren Schichten der Bevölkerung stellte der Pariser Kommuneaufstand mit seinen im einzelnen sehr unterschiedlichen Forderungen und Zielen die gesamte politische wie wirtschaftlich-soziale Ordnung nicht nur Frankreichs, sondern fast aller Länder Europas von ihren Grundlagen her in Frage. Gleichzeitig wurde, wie es nach ersten Zusammenstößen in der Öffentlichkeit und im neuen Reichstag für Bismarck den Anschein hatte, die neue Ordnung der Dinge in Mitteleuropa im Inneren wie auch in ihrer äußeren Form und Gestalt von angeblich hochkonservativer Seite angefochten, von der katholischen Kirche und den sie unterstützenden politischen und sozialen Kräften. Und zu allem Überfluß zeigten sich auch die Parteien und Kräfte der Mitte, des Liberalismus und der ihm nahestehenden politischen Bewegungen, keineswegs gewillt, bei dem Erreichten stehenzubleiben. Sie drängten vielmehr schon bald, nachdem die erste Begeisterung über das glücklich vollzogene Einigungswerk verflogen war, mit verstärkter Aktivität von der Basis der nun erlangten einheitlichen Plattform des Reiches auf den inneren Ausbau, ja, die Umgestaltung des neuen Reiches in ihrem Sinne. Jetzt sollte sich die Parole »Durch Einheit zur Freiheit« bewähren.

Eine Fülle von Gefahren kam also in Bismarcks Augen, so wie er die Dinge schon sehr früh, schon im Laufe des Jahres 1871, sah, auf das neue Reich zu, und das in einer außenpolitischen Situation, die seinem skeptischen Blick noch ganz ungefestigt schien, offen für Kräfte, die durchaus nicht bereit waren, die neue Ordnung, die Ordnung von 1871, widerspruchslos und auf Dauer zu akzeptieren. Zu ihnen zählte der neue Reichskanzler natürlich in erster Linie Frankreich, aber möglicherweise auch Österreich sowie das Papsttum, vielleicht sogar Rußland und England. Und allen seinen Grundvorstellungen und Erfahrungen entsprechend sah er die Entwicklungen und Verhältnisse stets im Zusammenhang, die katholisch-konservativen Kräfte nicht nur im Bündnis mit dem Papsttum, sondern auch mit verwandten Richtungen im katholischen Frankreich und Österreich, Liberalismus und Parlamentarismus in Verbindung mit England, den Sozialismus und die Arbeiterbewegung wie anarchistische Strömungen jeweils in internationalem Zusammenhang. Ja, diese Art der Betrachtung hat sich in den siebziger und achtziger Jahren, den zwei Jahrzehnten als Reichskanzler, noch verstärkt, hat ihn in manchem anknüpfen lassen an die Perspektive der Hochkonservativen in seiner Anfangszeit als Politiker, eine Perspektive, von der er sich in der Zwischenzeit sehr weit entfernt zu haben schien.

Sicher war dabei manches auch wieder Taktik. Aber daß Bismarck unmittelbar nach 1871, nach der Reichsgründung, daranging, das alte Bündnis zwischen den drei konservativen Ostmächten, also Rußland, Österreich und dem nun zum Reich erweiterten Preußen, vor allem aber das einstige besondere Verhältnis zwischen den beiden mitteleuropäischen Großmächten ausdrücklich im Zeichen einer gemeinsamen Abwehrfront gegen die

»Kräfte des Umsturzes« zu erneuern, ging doch über bloße Taktik weit hinaus. Natürlich leiteten ihn dabei auch, ja, in starkem Maße außen-, macht- und sicherheitspolitische Überlegungen. Frankreich sollte isoliert bleiben, Österreich endgültig mit der Neugestaltung der Verhältnisse in Mitteleuropa versöhnt, Rußland in der engen Verbindung mit Preußen-Deutschland gehalten und an weiteren Revisionsvorstößen wie eben gerade in der Dardanellen-Frage gehindert werden. Aber wenn in den Gesprächen mit Wien, dann mit Petersburg immer wieder von der sozialistischen, der anarchistischen Gefahr die Rede war, die im Kommuneaufstand beispielhaft und möglicherweise beispielgebend sichtbar geworden sei, so war das durchaus ernst gemeint. Bismarcks Bestrebungen, die entstehende deutsche Arbeiterbewegung mit entsprechenden Gesetzen zu bekämpfen und ihr möglichst die Basis zu entziehen, wie sie dann in dem sogenannten Sozialistengesetz von 1878 gipfelten, gehen bezeichnenderweise auf jene Jahre unmittelbar nach 1871 zurück. Und wenn in der liberalen Presse innerhalb und vor allem auch außerhalb Deutschlands im Zusammenhang mit dem Dreikaiserabkommen zwischen Rußland, Österreich und dem Deutschen Reich vom Juni beziehungsweise Oktober 1873 immer wieder von einer Rückkehr zu der Zeit Metternichs, zu der Politik der Heiligen Allianz die Rede war, so steckte darin im Hinblick auf die Stoßrichtung, die Verbindung von innen- und außenpolitischen Aspekten, schon etwas Richtiges.

Die Zeit war allerdings doch eine ganz andere geworden. Im Zeichen der dramatischen Veränderungen in Wirtschaft, Gesellschaft und Politik, der Industrialisierung und Rationalisierung, des Entstehens ganz neuer sozialer Schichten und des Aufstiegs bisher vielerorts eher schwacher Gruppen wie vor allem des Bürgertums, der neuen Bedeutung der Öffentlichkeit und der Parteien, machte sich das Gewicht der jeweiligen einzelstaatlichen Interessen immer stärker geltend, traten die überstaatlichen Bindungen immer mehr zurück.

Bismarck hatte das in den fünfziger und sechziger Jahren selbst am kühlsten und nüchternsten konstatiert. Es wurde ihm nun, in seiner neuen, noch recht ungewohnten Rolle nicht mehr als Herausforderer, sondern als Verteidiger der bestehenden internationalen Ordnung, der Ordnung von 1871, noch einmal nachdrücklich vor Augen geführt.

Nachdem Frankreich die vereinbarte Kriegsentschädigung von fünf Milliarden Goldfranken schneller, als von deutscher Seite erwartet, zurückgezahlt und sich damit vertragsgemäß von der deutschen Besatzung befreit hatte, hatte die Nationalversammlung ein neues Wehrgesetz beschlossen, das zu einer erheblichen Verstärkung der französischen Armee zu führen versprach. Mit einem Pressefeldzug, der schließlich in einer kaum verhüllten Kriegsdrohung gipfelte, hatte Bismarck 1875 versucht, die französische Regierung dazu zu veranlassen, die entsprechende Vorlage zurückzuziehen. Damit aber provozierte er eine sehr entschiedene Reaktion der übrigen europäischen Großmächte mit dem scheinbar so eng mit dem Reich verbündeten Rußland an der Spitze, das nachdrücklich vor dem Versuch einer weiteren Machtverschiebung zugunsten Preußen-Deutschlands warnte. Von der vielbeschworenen Solidarität der Monarchien gegenüber dem Frankreich der Republik und des Kommuneaufstandes, dem Zentrum aller Revolution seit fast neunzig Jahren, war dabei kaum mehr etwas zu erkennen.

Jeder Staat war allein, und Sicherheit ließ sich nicht in gemeinsamen Überzeugungen und darauf gegründeter Solidarität, sondern nur in sehr konkreten und in der augenblicklichen Konstellation gegründeten Interessenbündnissen finden – diese Lehre aus der sogenannten »Krieg-in-Sicht-Krise« von 1875 hat Bismarck seither niemals mehr vergessen. Auf sie hat er in den nächsten Jahren sein immer weiter ausgreifendes und kompliziert ineinander verschachteltes Bündnissystem gegründet, beginnend mit dem mehrfach erneuerten Dreikaiserabkommen zwischen Rußland, Österreich-Ungarn und dem Deutschen Reich, dann dem deutsch-österreichischen Zweibund von 1879, dem deutsch-österreichisch-italienischen Dreibund von 1882 und schließlich dem sogenannten Rückversicherungsvertrag zwischen dem Deutschen Reich und Rußland von 1887 und seinem Gegenstück, dem österreichisch-italienisch-englischen sogenannten Orientdreibund, dessen heimlicher Konstrukteur und stiller Partner Bismarck gleichfalls war.

Ziel des Ganzen war, wie Bismarck es in zu Recht berühmt gewordenen und immer wieder zitierten Formulierungen seinem ältesten Sohn Herbert, dem späteren Staatssekretär des Auswärtigen, Mitte Juni 1877 während eines Kuraufenthaltes in Kissingen, auf dem Höhepunkt einer neuen Balkankrise, in die Feder diktierte, »eine politische Gesamtsituation, in welcher alle Mächte außer Frankreich unser bedürfen und von Koalitionen gegen uns durch ihre Beziehungen zueinander nach Möglichkeit abgehalten werden«.

Diese »politische Gesamtsituation« zu bewahren, war bis zuletzt, bis zu seiner Entlassung aus den Ämtern des deutschen Reichskanzlers und preußischen Ministerpräsidenten im März 1890, sein ganzes Bestreben. Das war seine Leitlinie bei der Vorbereitung und im Verlauf des Berliner Kongresses von 1878, der unter seinem Vorsitz die internationale Krise beendete, zu der es im Anschluß an den russisch-türkischen Krieg und das damit verbundene russische Ausgreifen auf den Balkan gekommen war. Dem diente, jenseits der jeweiligen konkreten Ziele und aller innen- und außenpolitischen Nebenabsichten, die Kolonialpolitik, die er 1883/84 einleitete. Und das bestimmte sein Handeln, als er drei Jahre später, in einem höchst riskanten vertragspolitischen Drahtseilakt, Petersburg im Rückversicherungsvertrag den Weg nach Konstantinopel freigab und ihn gleichzeitig, mit Hilfe des Orientdreibundes, mit englischen und österreichischen Kanonen umstellte. Daß er damit jene Konstellation schuf, die schließlich dem Reich zum Verhängnis wurde, wird man nicht sagen können. Daß er damit seine Nachfolger überforderte, die nicht über sein diplomatisches Geschick, seine Erfahrungen und sein Prestige in den europäischen Kabinetten verfügten, schon eher.

Das eigentliche Problem der fast zwanzigjährigen Amtszeit Bismarcks als deutscher Reichskanzler aber bildete fraglos nicht die Außenpolitik, die bei allen Belastungen und Krisen, die sie begleiteten, und einer gewissen Tendenz zur Erstarrung, dem Beharren auf den alten Methoden und Auswegen, insgesamt doch sehr erfolgreich war. Das eigentliche Problem bildete die Innenpolitik. Hier hat er sich schon gleich nach 1871 in eine Serie von Auseinandersetzungen sehr weitreichender Art verstrickt, deren schließliche Bilanz von seinem Standpunkt, aber eben auch vom Standpunkt einer positiven inneren Entwicklung des Reichs aus gesehen fast durchweg negativ war.

Es begann mit der Steigerung des politischen Konflikts mit der 1870/71 neu entstandenen katholischen Partei, dem Zentrum, als der Vertretung des mit der Reichsgründung in die Minderheit geratenen katholischen Bevölkerungsteils, zum sogenannten Kulturkampf. Ihm folgte, fast gleichzeitig beginnend, aber erst später seinen Höhepunkt erreichend, der Kampf gegen die Sozialdemokratie, gegen die politisch organisierte Arbeiterbewegung. In ihn war von früh auf, durch entsprechend formulierte Gesetzesentwürfe, der Kampf gegen den Linksliberalismus einbeschlossen, gegen den in Opposition verharrenden Teil der alten preußischen Fortschrittspartei und dann auch gegen den mit ihm innenpolitisch sympathisierenden Flügel der Nationalliberalen. Ihn brachte Bismarck definitiv gegen sich auf, als er 1879 die Linie einer Politik des Freihandels verließ und mit rasch anwachsenden Schutzzöllen immer mehr den Interessen der Landwirtschaft, vor allem auch der sogenannten Großagrarier, und der Schwerindustrie entgegenkam.

Zwar setzte Bismarck sich auf diesem Gebiet in der Praxis, in der konkreten Gesetzgebung ebenso durch wie bei der Einführung einer Pflichtversicherung gegen Krankheit, Invalidität und Unfall sowie für eine Versorgung im Alter, die er seit Beginn der achtziger Jahre in drei großen Gesetzeswerken auf den Weg brachte – für sich genommen fraglos eine epochemachende und zukunftsweisende Leistung. Aber der Preis war der Verlust der einstigen parlamentarischen Mehrheit aus Freikonservativen und Nationalliberalen, die Abhängigkeit von dem nur von Fall zu Fall zur Kooperation bereiten Zentrum, mit dem er inzwischen durch schrittweisen Abbau des Kulturkampfes seinen Frieden zu machen versuchte, und eine tiefe Spaltung der deutschen Gesellschaft in verschiedene, sich mit großer Schärfe bekämpfende Interessengruppen. Demgegenüber wurde das eigentliche Ziel, die Arbeiterschaft für den Staat zu gewinnen und sie der Sozialdemokratie politisch zu entfremden, in der angestrebten Form keineswegs erreicht.

Ob sich jene Spaltung der deutschen Gesellschaft, die allgemeinen und übergreifenden, ganz Europa erfassenden Tendenzen entsprach und eine viel längere Vorgeschichte hatte, hätte verhindern lassen, ist mehr als fraglich. Wohl aber bestand, wie das Beispiel Englands, Frankreichs und auch Italiens in verschiedenen Phasen zeigt, durchaus eine Chance, sie politisch zu überwölben und abzumildern durch Formulierung und Beschwörung übergreifender politischer und gesellschaftlicher Zielvorstellungen und Zukunftserwartungen. Diese Chance ist im Reich unter Bismarcks Leitung nicht ergriffen worden. Im Gegenteil. Die Neigung, die eigene Position konfliktstrategisch abzusichern, Konflikte zur Sicherung und zum Ausbau der eigenen Macht zu nutzen und sogar heraufzubeschwören, hat sie zusätzlich verstellt.

Schon der Kulturkampf hat das ganz deutlich gemacht. Bismarcks Motive, ihn aufzunehmen und ihn über Jahre laufend zu verschärfen, waren vielfältiger Natur. Da war einmal die Sorge vor der Konkurrenz durch eine neue konservative Partei auf breiter popularer Grundlage, die durch die Gründung der Zentrumspartei und ihren schlagartigen Erfolg unter den Bedingungen des allgemeinen Wahlrechts nachhaltig genährt wurde. Hinzu kam die Befürchtung, daß es der neuen Partei gelingen werde, alle antipreußischen Vorbehalte in der deutschen Gesellschaft zu bündeln, Föderalisten aller Lager und Schattierungen zusammenzuführen, Anhänger des 1866 vom Thron gestoßenen welfischen Königshauses mit Mitgliedern der bayerischen »Patriotenpartei« und traditionell berlinkritischen Rheinländern zu vereinigen, den westfälischen Adel mit süddeutschen Demokraten in eine Front zu bringen. Weiter sah Bismarck mit Sorge auf den polnischen Bevölkerungsteil Preußens, der seine Augen sogleich auf die neue Partei richtete. Schließlich hatte er generell die Befürchtung, daß bei einem Konflikt zwischen Staatsloyalität und Kirchenloyalität bei einer katholischen Partei die letztere die Oberhand gewinnen werde, die Treue zu dem neuen Staat sich also schon bald als sehr brüchig erweisen könnte. All das nährte in ihm zugleich den Verdacht, das Zentrum könne zu einer Art fünften Kolonne eines von den katholischen Mächten, also vor allem von Österreich und Frankreich sowie vom Papsttum selber getragenen Revisionismus, einer Anfechtung der Ordnung von 1871, werden. Die Tatsache, daß einen Monat nach der Kaiserproklamation in Versailles, am 18. Februar 1871, der Mainzer Bischof Wilhelm von Ketteler dem neuen Kaiser ein von sechsundfünfzig katholischen Mitgliedern des preußischen Abgeordnetenhauses unterzeichnetes petitionsartiges Schriftstück übergeben hatte, in dem Wilhelm I. gebeten wurde, sich für die Wiederherstellung des Kirchenstaates einzusetzen, hatte ihn hierin nachhaltig bestärkt.

Hinzu kam ein anderes: Bismarck hatte während der sechziger Jahre die Auseinandersetzungen zwischen liberalem Staat und katholischer Kirche in den süddeutschen Staaten, vor allem in Baden, mit großer Aufmerksamkeit verfolgt. Dabei war es, mit der Konstellation in dem jungen deutschen Reich durchaus vergleichbar, einmal um die Durchsetzung des Machtmonopols und Souveränitätsanspruchs des Staates auch auf kultur- und kirchenpolitischem Gebiet, zum anderen um die Verteidigung des von katholischer Seite zum Teil heftig angefeindeten liberalen Reformwerkes in Wirtschaft und Gesellschaft gegangen. Die Liberalen aller Richtungen hatten sich in diesem Konflikt auf das stärkste engagiert. Man würde sie also auch in Zukunft, diese Schlußfolgerung lag nahe, durch ein entsprechendes Vorgehen in jene Richtung an den Staat und an die Regierung binden können, ohne ihnen in anderen Bereichen über Gebühr entgegenkommen zu müssen.

Es sprach also in Bismarcks Augen vieles dafür, sich auf eine derartige, als Verteidigung bedrohter Rechte des Staates und der Mehrheit seiner Bürger deklarierte Auseinandersetzung einzulassen. Überrascht hat ihn dann freilich die Breite und Tiefe des Widerstandes gegen die von ihm inspirierten Kampfmaßnahmen und Kampfgesetze, angefangen von der Aufhebung der katholischen Abteilung im preußischen Kultusministerium und der

Strafandrohung gegenüber politisierenden Geistlichen, dem sogenannten Kanzelparagraphen von 1871, über die »Maigesetze« von 1873, die die Ausbildung der Pfarrer staatlichen Regeln zu unterwerfen und die kirchliche Disziplinargewalt einzuschränken versuchten, bis hin zu der Einschränkung staatlicher Zuschüsse an die Kirche im sogenannten Sperrgesetz von 1875 und dem Klostergesetz vom gleichen Jahr, das nach dem Jesuitenorden auch alle anderen, nicht ausschließlich auf die Krankenpflege konzentrierten Orden in Preußen aufhob.

Das Ergebnis war verheerend. 1876 waren sämtliche preußischen Bischöfe entweder verhaftet oder ausgewiesen, fast ein Viertel der Pfarrstellen unbesetzt. Der überwiegende Teil der katholischen Bevölkerung stand in schroffem Gegensatz zur Regierung, und das Zentrum zog 1874 mit nahezu achtundzwanzig Prozent der Stimmen beinahe gleich mit den Nationalliberalen, der stärksten Fraktion des Reichstags.

Später hat Bismarck gelegentlich den Eindruck zu erwecken versucht, sein 1872 berufener Kultusminister Adalbert Falk hätte den Kulturkampf in Preußen und auf preußische Initiative hin auch im Reich viel weiter getrieben, als er, der Reichskanzler und preußische Ministerpräsident, das je beabsichtigt habe. Das mag für die eine oder andere spektakuläre Aktion gelten. Insgesamt gesehen aber steht außer Frage, daß Bismarck die Seele des Konfliktes gewesen ist, eines Konfliktes, der – zwar weniger in der Sache, wohl aber politisch – schließlich mit einem eklatanten Mißerfolg der Regierung endete.

Das gilt auch für Bismarcks Politik gegenüber der Arbeiterbewegung, die er fast gleichzeitig begann, die jedoch erst im Herbst 1878, nach einigen gescheiterten Versuchen, über entsprechende neue Bestimmungen im Straf- und Presserecht voranzukommen, mit der Verabschiedung des »Gesetzes gegen die gemeingefährlichen Bestrebungen der Sozialdemokratie« ihren Höhepunkt erreichte. Da der Reichstag nach dem Persönlichkeitswahlrecht gebildet wurde und die Wahl sozialdemokratischer Abgeordneter nicht verhindert werden konnte, nutzte das Parteiverbot wenig. Es hat den Aufstieg der politischen Arbeiterbewegung zwar zeitweise deutlich verlangsamt, aber nicht verhindert. Gleichzeitig hat es einen großen Teil der in immer rascherem Tempo wachsenden Industriearbeiterschaft dem Staat entfremdet. Nach der Nichtverlängerung des Sozialistengesetzes Ende Januar 1890, gegen die sich Bismarck leidenschaftlich gewehrt hatte, verdoppelte sich der Anteil der Wähler sozialdemokratischer Kandidaten bei der Reichstagswahl einen Monat später auf fast zwanzig Prozent. Das bedeutete auch in parlamentarischer Hinsicht Bismarcks Ende, das herbeizuführen der neue, gerade erst dreißigjährige Kaiser Wilhelm II. seit längerem entschlossen war: Linksliberale, Zentrum und Sozialdemokraten, die »Reichsfeinde«, wie Bismarck sie genannt hatte, verfügten mit den von Anfang an in Opposition verharrenden Parteien der Polen und Welfen über rund zweihundertvierzig der knapp vierhundert Sitze des Reichstages und repräsentierten über sechzig Prozent der Wählerstimmen.

Im letzten Augenblick hat Bismarck damals noch versucht, die Zentrumspartei mit ihren über hundert Abgeordneten zu sich herüberzuziehen, damit aber sein politisches Ende eher noch beschleunigt, da Wilhelm II., in den Traditionen des Kulturkampfes und einer »Regierung über den Parteien« aufgewachsen, darin nur den Versuch sah, ihn unter Preisgabe aller Grundsätze rein machiavellistisch zu überspielen. Ludwig Windthorst, der langjährige Führer der Zentrumspartei, der im Verlauf der Jahre immer mehr zu einem der bedeutendsten Gegenspieler des Kanzlers geworden war, kommentierte sein diesbezügliches Gespräch mit Bismarck mit dem Satz: »Ich komme von dem politischen Sterbebette eines großen Mannes.« Acht Tage später war Bismarck entlassen.

Als eine unmittelbare Folge, gar als logische Konsequenz seiner Politik gegenüber der Zentrumspartei und der Sozialdemokratie und den hinter ihnen stehenden geistigen und gesellschaftlichen Kräften wird man freilich diesen Ausgang schwerlich bezeichnen können. Entscheidend war, daß die Basis zusammenbrach, auf die Bismarck sich bei »seinem« König und Kaiser, bei Wilhelm I., annähernd sechsundzwanzig Jahre hindurch hatte stützen können. Nicht die Tatsache, daß der Kanzler über keine parlamentarische Mehrheit mehr verfügte, war für dessen

Enkel, für Wilhelm II., ausschlaggebend, sondern allein der Wunsch, »selbst zu regieren«.

Das hatte sein Großvater in der Tat nicht getan. Er war dem Mann, der ihn 1862 aus bedrängtester politischer Lage befreit und zu den spektakulärsten militärischen und politischen Erfolgen geführt hatte, zwar nie bedingungslos und im einzelnen nicht ohne vielfältiges Widerstreben, aber letztlich doch immer im Vertrauen auf die überlegene politische Einsicht seines leitenden Ministers gefolgt. Manches war ihm schwergefallen, nicht nur die Absage an den Frankfurter Fürstentag 1863, der Verzicht auf den Einzug in Wien und einen territorialen Siegespreis im Jahre 1866, die Annahme eines bloßen Titels wie der des »deutschen Kaisers« 1871, sondern auch die zunehmende Entfremdung seiner Regierung von der alten preußisch-konservativen Partei, die in der ersten Hälfte der siebziger Jahre ihren Höhepunkt erreichte, die Härten des Kulturkampfes, die enge Anlehnung an Kräfte innerhalb des liberalen Bürgertums, die im Verfassungskonflikt zu seinen entschiedenen Gegnern gehört hatten. Auch die Art, wie Bismarck seit 1866 im Bündnis mit diesen Kräften die Veränderung des Landes vorantrieb, auf wirtschaftlichem Gebiet, in allen Bereichen der Gesetzgebung, in der gezielten Begünstigung der Moderne in Wissenschaft und Technik, im Städtebau und Verkehrswesen, in der Verwaltung und im Finanzwesen, hatte ihn immer wieder mit Bedenken und Sorgen erfüllt. Würde ein monarchisch-konservativer Staat, ein Staat, der nach wie vor auf den Adel, auf die alte, agrarisch fundierte Führungsschicht setzte und sie in Heer, Diplomatie und Verwaltung eindeutig begünstigte, auf Dauer die inneren Spannungen aushalten, die hier freigesetzt wurden, so hatte er sich gelegentlich gefragt und damit den Finger auf eines der zentralen, wenn nicht auf das zentrale Problem des neuen Reiches gelegt.

Viele Zeitgenossen haben damals ähnlich empfunden und sich aus unterschiedlicher Perspektive die Frage vorgelegt, wie denn das alles zusammenpasse, ein konservativer Staat mit überwiegend aristokratischer Führungsschicht, die vollständige Entfesselung des kapitalistischen Wirtschaftssystems, die politische Mobilisierung der Massen über das allgemeine Wahlrecht, die Begünstigung des so lange Zeit von konservativer Seite als schlechthin revolutionär bekämpften Nationalismus, das Bündnis mit den Liberalen und die Wendung gegen die katholische Kirche, mit der der Staat und die Konservativen zwar auch vorher schon manchen Strauß ausgefochten hatten, die aber doch im Prinzip als ein staatstragendes Element galt. Wer würde in dem gewaltigen Wandel aller Verhältnisse schließlich überleben, ja, was waren überhaupt die Ordnungen, für die man optieren konnte?

Bismarck selber hatte eine solche Option in seiner Jugend sehr bewußt vollzogen – für das Land, für die überlieferten, von Monarchie und Aristokratie bestimmten Verhältnisse, für die Kirche, für die Heiligkeit des historischen Rechts, gegen Liberalismus, Nationalismus, Parlamentarismus und den »Umsturz« der gesellschaftlichen Ordnung. Und er war als Vertreter und Wortführer einer solchen Option politisch emporgekommen. Das war lange her, aber es wurde ihm von seinen einstigen konservativen Freunden immer wieder vorgerechnet. Und er selber konnte sich, so sehr er in den Kämpfen und Auseinandersetzungen des Tages stand und so nahe es ihm lag, Kritik als bloße Mißgunst seiner »faktiösen Vettern«, seiner minder erfolgreichen Standesgenossen abzutun, auf Dauer doch nicht verhehlen, daß ihn sein Weg sehr weit von dem weggeführt hatte, was einst auch von der Lebenswelt, von den ganz konkreten Lebensumständen und Lebensverhältnissen sein Daseinsideal gewesen war. In einer nun in explosionsartigem Tempo wachsenden großen Stadt zu leben, umgeben von Bürokraten, von reich werdenden Kaufleuten und Bankiers, von Berufspolitikern unterschiedlicher Couleur, aber zunehmend ähnlichen Zuschnitts, und nicht zuletzt von Menschenmassen, die jedes individuelle Gesicht verloren hatten, zu abstrakten »sozialen Problemen« wurden – all das widersprach ursprünglichsten Lebenserwartungen, brachte Bismarck immer wieder in innere Opposition zu einer Welt, die doch in vielem mit seine Schöpfung war.

Dieser Welt hat Bismarck sich in einem ganz buchstäblichen Sinne zu entziehen versucht, indem er seinen Lebensmittelpunkt, soweit es sich irgend machen ließ, von Berlin weg aufs Land verlegte und dort jede freie Minute, schließlich auch lange Arbeitsurlaube verbrachte. Im Herbst 1865 in den erblichen Grafenstand erhoben, hat er im April 1867 aus den Mitteln des ihm zugesprochenen »Staatsgeschenks«, einer Dotation von vierhunderttausend Talern, aus dem Besitz des Grafen Blumenthal die Herrschaft Varzin bei Köslin in Pommern gekauft und als Wohnsitz ausgebaut. Pommern aber war weit weg und die Reise dorthin lang und mühsam. Als ihm daher im Zuge einer neuerlichen Dotation 1871 der fünfundzwanzigtausend Morgen umfassende Sachsenwald vor den Toren Hamburgs mit einem, freilich recht verwahrlosten, Jagdschloß zufiel, da hat er sich, inzwischen mit dem Fürstentitel versehen, schon bald dort niedergelassen, zumal die direkte Bahnlinie Berlin—Hamburg durch den Sachsenwald verlief und hier an einem Flecken namens Friedrichsruh halten konnte, der hauptsächlich aus einem Ausflugsgasthof und einem Hotel bestand, das Bismarck 1879 als künftigen Wohnsitz erwarb.

Das wurde sein »Asyl«, das er, wie er einmal schrieb, leider viel zu oft »verurteilt« sei, »mit den Augen des Tantalus zu betrachten«. Eine solche Fluchtburg aber bildete natürlich nur eine individuelle Lösung, und auch das nur sehr begrenzt. Eine auf das Gemeinwesen als ganzes zielende Lösung, eine grundsätzliche Kurskorrektur — Gedanken in dieser Richtung beschäftigten ihn, in Friedrichsruh wie während langer Kuraufenthalte, in zunehmendem Maße.

Die gewerbliche Wirtschaft war nach 1873 in eine Überhitzungskrise, die sogenannte Gründerkrise, geraten, der viele, insbesondere auch mittelständische Existenzen zum Opfer fielen. Die Landwirtschaft hatte mit Mißernten, mit zunehmenden Kosten und vor allem mit wachsender Konkurrenz aus dem Osten und aus Übersee zu kämpfen. Gleichzeitig aber versagte sich der hauptsächliche parlamentarische Bündnispartner, die Nationalliberalen, trotz, wie Bismarck es sah, vielfältiger Unterstützung und Begünstigung durch die Regierung, nicht zuletzt auf dem Felde des Kulturkampfes, zahlreichen Initiativen der Regierung etwa in der Frage einer schärferen Bekämpfung der Linksopposition. Zugleich drängte er auf einen immer entschiedeneren Kurs in der Wirtschafts-, Gesellschafts- und Rechtspolitik.

So reifte in Bismarck mehr und mehr der Plan, sich durch eine Sammlung aller am Erhalt der bestehenden politischen und gesellschaftlichen Ordnung interessierten Kräfte und durch eine entsprechende Korrektur am bisherigen Modernisierungskurs eine ganz neue politische Basis zu verschaffen und zugleich dem immer dramatischer werdenden wirtschaftlichen und gesellschaftlichen Wandel wenn nicht Einhalt zu gebieten, so doch ihn zu kanalisieren. Die geeigneten Mittel schienen ihm Maßnahmen zum Schutz der heimischen Wirtschaft — der Land- wie der Industriewirtschaft mitsamt ihrer Arbeiter — und ihrer Märkte, damit zugleich ihrer Marktanteile, zu sein und außerdem ein entschiedener Kampf gegen die systemkritische und systemverändernde Linke, insbesondere die Arbeiterbewegung, aber auch gegen viele Linksliberale, schließlich eine stabilisierende, speziell die Industriearbeiterschaft an die bestehende politische und soziale Ordnung bindende Gesellschaftspolitik.

In Verfolgung und praktischer Umsetzung dieser Überlegungen ist es dann zu dem für die weitere innere Entwicklung des Reiches entscheidenden Kurswechsel der Jahre 1878/79 gekommen: der Verabschiedung des Sozialistengesetzes nach zwei Attentaten auf Kaiser Wilhelm I. im Mai und Juni 1878, die den äußeren Anlaß, nicht aber die eigentliche Ursache des entsprechenden Gesetzentwurfes bildeten; dem Übergang zu einem System von agrarischen und industriellen Schutzzöllen, die von da an laufend erhöht wurden; schließlich der Proklamierung einer staatlichen Sozialpolitik in Form einer staatlich überwachten und garantierten Zwangsversicherung — ursprünglich geplant mit einem erheblichen staatlichen Zuschuß, der die Bindung des Begünstigten an den Staat und die bestehende staatliche Ordnung noch enger gestalten sollte.

Wenn man im Zusammenhang mit dem Umschwung von 1878/79 von einer förmlichen »zweiten Reichsgründung« gesprochen hat, so ist das sicher übertrieben. Aber die Zäsur ging doch sehr tief. Sie setzte einem Prozeß der Öffnung ein Ende, der viele nach der

Vorgeschichte der Jahre 1862 bis 1866 überrascht, verwirrt, befremdet oder auch fasziniert hatte, der Öffnung gegenüber den Kräften der Moderne in Wirtschaft und Gesellschaft, in Politik und Kultur. Diese Kräfte erwiesen sich auch in Deutschland auf Dauer als unwiderstehlich. Aber sie stauten sich nun zunächst an den Dämmen, die man ihnen entgegenzustellen suchte, bildeten gefährliche Strudel, überfluteten den einen und brachen sich an dem nächsten. Dabei gewannen sie an Unberechenbarkeit, ohne an Dynamik zu verlieren.

Bismarck hatte 1878/79 Naheliegenderes vor Augen: eine neue politisch-gesellschaftliche Allianz, mit der man dann schon vorankommen würde, die sich unmittelbar stellenden Probleme werde lösen können. Aber auch diese Erwartung trog. Die Allianz der ganz konkreten materiellen Interessen in Landwirtschaft und Industrie, in den verschiedenen Bereichen des gesellschaftlichen und wirtschaftlichen Lebens, auf die er nun zunehmend setzte, erwies sich als ebenso heterogen wie unbeständig, dem raschen Wechsel der Konstellation und der laufenden Verlagerung der Schwerpunkte unterworfen. Da übergreifende Ziele fehlten und kaum noch formuliert wurden – die Kolonialpolitik und die damit beschworenen Erwartungen etwa entfalteten, zunächst zumindest, kaum die Wirkungen wie zwei Jahrzehnte vorher die nationale Idee –, trafen die Interessenantagonismen zunehmend unvermittelt aufeinander und erlaubten, wenn überhaupt, vielfach nur noch Augenblickskompromisse. Die Politik wurde dadurch immer kurzatmiger und zugleich immer hektischer, ohne eine Linie zu finden.

Im einzelnen trat auch in den Jahren nach 1878/79 in dem, was Bismarck unternahm, politisch einfädelte und durchzusetzen versuchte, immer wieder die in vielen Jahren erworbene Meisterschaft in der Behandlung von Personen und Parteien, des Parlaments wie der Öffentlichkeit, regierender Häupter und Kollegen und Untergebener zutage. Und in der Außenpolitik befand er sich in den achtziger Jahren sowieso auf der Höhe seines Einflusses und Prestiges. Hier wie dort beherrschte der nun bald Siebzigjährige nach wie vor in erstaunlicher Weise das Feld. Aber er glich nun doch mehr und mehr jenen Gestalten, die sich, wie der alte Metternich, einer Entwicklung nur noch entgegenstemmten, geschäftserfahren, finten- und ideenreich im Detail, immer noch für Überraschungen gut, aber ohne eine große, zukunftverheißende Idee, ohne Verbindung mit den auf das Morgen zielenden Vorstellungen und Überlegungen der Zeit.

In dieser Situation trat naturgemäß das, was das Fundament, die Voraussetzung jeder erfolgreichen Politik eines einzelnen oder einer Gruppe darstellt, nämlich der Wille zur Behauptung in der Macht, in besonders deutlicher, ja, krasser und manchen damals wie später abschreckender Form hervor. Daß Bismarcks politische Gegner vor allem aus dem linksliberalen Lager, das seit dem Kurswechsel von 1878/79 bei den folgenden Wahlen und durch die Spaltung der nationalliberalen Partei kräftigen Zuzug erfahren hatte, fieberhaft nach Alternativen suchten und dabei ihre Augen speziell auf den Kronprinzen richteten – Wilhelm I. hatte inzwischen die Achtzig weit überschritten –, verstand sich von selbst. Und es verstand sich an sich ebenso von selbst, daß sich der Kanzler dagegen vorsorglich zur Wehr setzte, mit neuen Initiativen, in der sozialen Frage wie in dem neueröffneten Bereich der Kolonialpolitik, für sich und seine Politik warb, alle der Regierung zugänglichen Instrumente dafür einsetzte, insbesondere auch die regierungsoffizielle und -offiziöse oder sonstwie beeinflußbare Presse, mit der er von früh auf meisterhaft umzugehen verstand. Aber es war eine Konkurrenz um Macht und Einfluß, die sich zunehmend unterschiedlichen Bewertungen und unterschiedlichen Bewertungsmaßstäben ausgesetzt sah, und zwar durchaus auch im Lager der Anhänger und Bewunderer Bismarcks. Diese feierten, ihren eigenen Erwartungen und ihrem eigenen Weltbild entsprechend, den überlegenen Machtmenschen. Sie gaben damit den Gegnern und Kritikern stets aufs neue das Stichwort, einer Politik des bloßen Machterhalts, eines ideen- und nicht selten bedenkenlosen Festhaltens an der Macht als Gegenbild eine Politik gegenüberzustellen, die die Macht dem Dienst an großen, interessenübergreifenden, die Egoismen bändigenden Zielen und Leitvorstellungen zu unterwerfen bereit sei. So unterschiedlich diese Ziele und Leitvorstellungen bei den einzelnen Gruppen waren und sooft sie bei ihrer Verfolgung im Einzelfall Ablehnung und Unterstützung bei der Regierung suchten – allein Bismarck geriet zunehmend in den Verdacht, vor allem an der Macht zu kleben und einen Ausgleich der Interessen jeweils nur aus sehr egoistischen Motiven zu vermitteln.

Diese Glaubwürdigkeitskrise war sicher wesentlich auch ein Ergebnis des Kurswechsels von 1878/79 und der Methoden, die Bismarck dabei angewendet hatte. Sie resultierte aus dem verstärkten Appell an konkrete materielle Interessen, der seither seine Politik kennzeichnete. Die Krise spiegelte aber zugleich auch einen Mentalitätswandel wider, der nicht zuletzt in Bismarck selber, seinen Erfolgen, seinem Bild in der Öffentlichkeit, seiner Selbststilisierung seine Wurzel hatte.

Politik war nunmehr bereits einer ganzen Generation beispielhaft in der Person Bismarcks begegnet. Zahllos waren die Erzählungen und Berichte, mittlerweile auch schon die großen historischen Darstellungen und vielfältige Einzeluntersuchungen, die den »großen Mann« am Werke zeigten, den einzelnen, der allen anderen seinen Willen aufzwang, sie in seine Richtung lenkte, der, mochten sich auch die Verhältnisse, die Konstellationen, die jeweils beteiligten Kräfte und Personen grundlegend verändert haben, immer an der Spitze stand, sozusagen in allen Sätteln gerecht war, nie mit einer Sache unterging, sondern sich die Sachen unterwarf.

Bismarck war gleichsam das Bleibende in der Flucht der Erscheinungen, und was lag da näher als der Schluß, daß zu bleiben, sich zu behaupten beziehungsweise den Konkurrenten mit eben diesem Ziel zu verdrängen, das eigentliche Wesen politischer Macht sei, den Kern der Politik bilde. Ein derartiger Machtrealismus hat sich in den achtziger Jahren in vielen der Jüngeren in kruder Form ausgebildet – mit dem Gegenpol, man müsse zu einer ganz neuen, vom Machtegoismus des einzelnen gereinigten, sozusagen neoidealistischen Form politischen Handelns gelangen, wolle man die gegenwärtigen Verhältnisse wirklich überwinden.

Derjenige, der jenen seinerseits ideologisch überhöhten Machtrealismus geradezu beispielhaft und dann auch beispielgebend vertrat, war einer von Bismarcks begeistertsten Bewunderern in der Generation der Söhne, fast schon der Enkel, Prinz Wilhelm, der 1888 den preußischen Königsthron bestieg und damit zugleich deutscher Kaiser wurde. Er und nicht der den Liberalen und ihren politischen Idealen nach weitverbreiteter Meinung zuneigende Kronprinz Friedrich Wilhelm, auf den Bismarck seit einem Menschenalter in dieser Hinsicht immer wieder voller Sorge geblickt hatte und der dann als Kaiser Friedrich III. nur neunundneunzig Tage, von Anfang März bis Mitte Juni 1888, regierte, sollte den Schlußstrich unter seine politische Laufbahn ziehen.

»Sechs Monate will ich den Alten verschnaufen lassen, dann regiere ich selbst«, soll Wilhelm II. kurz nach der Thronbesteigung erklärt haben. Und anderthalb Jahre später ließ er in einer Tischrede anläßlich eines Festbanketts des brandenburgischen Provinzial-Landtages verlauten: »Diejenigen, die sich Mir entgegenstellen, zerschmettere Ich.« Das war, so hat wohl er selber und so haben viele in seiner Umgebung gemeint, ganz bismarckisch gedacht und gesprochen – klar, drastisch, macht- und zielbewußt. Mit dem wirklichen Bismarck hatte das wenig zu tun. Es war ein Zerrbild, das sich vor allem die jüngeren Zeitgenossen von dem »eisernen Kanzler« gemacht hatten, aber es war ein charakteristisches Zerrbild. In seinem Zeichen sahen viele Zeitgenossen den letzten Akt in Bismarcks politischer Laufbahn, der jetzt eingeläutet wurde, wobei der Blick sich wieder vor allem auf den Kanzler richtete.

»Wenn ich jetzt zurückblicke«, so zog Bismarck im dritten, erst nach dem Ende der Monarchie im Jahre 1918 veröffentlichten Band seiner Lebenserinnerungen Bilanz, »so nehme ich an, daß der Kaiser während der einundzwanzig Monate, da ich sein Kanzler war, seine Neigung, einen ererbten Mentor loszuwerden, nur mit Mühe unterdrückt hat, bis sie explodierte.« Natürlich hat Bismarck diese »Neigung« nicht erst im Rückblick erkannt. Ein Mann von nunmehr dreiundsiebzig Jahren mußte, als nach dem Intermezzo der neunundneunzig Tage ein Einunddreißigjähriger den Thron bestieg, darauf gefaßt sein, daß der neue Kaiser sich über kurz oder lang in einem

System, das ihn ganz zum Herren des Verfahrens machte, einen neuen Mann, einen neuen leitenden Minister suchen werde. Und er war in der Tat von Anfang an darauf gefaßt gewesen. In diesem Sinne hatte er zunächst einmal mit allen Kräften zu verhindern versucht, daß sich der neue Kaiser die Erwartungen zu eigen machte, die sich auf seinen Vater, auf Kaiser Friedrich III., gerichtet hatten. Wählerisch war er dabei in seinen Mitteln nicht gewesen. Nicht nur war er bestrebt gewesen, die lange vorhandenen Gegensätze zwischen Wilhelm II. und seiner Mutter, der »Engländerin«, zusätzlich anzuheizen. Er hatte sich auch die Zustimmung des neuen Kaisers beschafft, ein gerichtliches Verfahren gegen die Veröffentlichung von Tagebuchauszügen Kaiser Friedrichs aus der Zeit des deutsch-französischen Krieges einleiten zu lassen – man erklärte die Auszüge kurzerhand für Fälschungen –, indem er auf angeblich gefährdete Reichsinteressen verwies und zugleich diskret andeutete, die Stilisierung des Vaters und die liberale Legendenbildung um ihn seien Wilhelms eigener Stellung und den nun auf ihn zu konzentrierenden Erwartungen nicht günstig.

Das Ganze hatte freilich dann die gegenteilige Wirkung gehabt. Die Art seiner Vorgehensweise ließ den Kanzler in der Öffentlichkeit in einem Maße als kleinlich erscheinen, das auch und gerade jene abstieß, die die Rücksichtslosigkeit der Macht im Prinzip so sehr bewunderten. Denn als Rechtfertigung hatte immer gegolten, daß solche Rücksichtslosigkeit großen Zwecken diene. Davon konnte nun offenkundig wirklich nicht mehr die Rede sein. Hier ging es bloß noch um Machterhalt. Hinzu kam, daß von konservativer Seite betont wurde, die Art des Vorgehens schade dem monarchischen Gedanken als solchem – ein Argument, das Wilhelm II. nicht unbeeindruckt ließ.

So hatte Bismarck in gewisser Weise, bis hinein ins Atmosphärische, selber die Konstellation vorbereitet, in der sich dann der entscheidende Konflikt abspielte. Sie begünstigte eindeutig den jungen Kaiser, dem man die Chance des Neuanfangs zugebilligt wissen wollte und der zudem, als der so viel Jüngere und noch ganz Unerfahrene, als der Unterlegene erschien. Der in Hunderten von innenpolitischen Schlachten erprobte Kanzler hat das allerdings sogleich registriert. Der Ausweg, auf den er schließlich verfiel, entsprach lange bewährten Mustern und zugleich ganz seinem Naturell.

Anfang Mai 1889 war in Gelsenkirchen ein Bergarbeiterstreik ausgebrochen, der sich rasch über das gesamte Ruhrgebiet und dann über alle deutschen Gruben ausbreitete. Er führte vielerorts zu blutigen Zusammenstößen und zu einer lebhaften und durchaus kontroversen öffentlichen Diskussion darüber, wie darauf zu reagieren sei. Bismarck bezog sofort klar Position. Es sei, erklärte er in einer Sitzung des preußischen Staatsministeriums unter Vorsitz des Kaisers am 12. Mai 1889, »politisch nützlich«, wenn »die Beilegung dieses Streites und seiner traurigen Folgen nicht zu glatt und rasch erfolge, letztere sich vielmehr der liberalen Bourgeoisie fühlbarer machten«. Worauf er damit zielte, ist zumindest im nachhinein ganz deutlich. Es sollte über die soziale Konfliktsituation hinaus eine allgemeine Konfliktsituation größeren Ausmaßes entstehen – auch die Frage der Verlängerung des Sozialistengesetzes stand ja an und wurde bereits leidenschaftlich diskutiert. Eine solche allgemeine Konfliktsituation würde ihn als Regierungschef unentbehrlich machen.

Mit großer Befriedigung verfolgte Bismarck, wie Wilhelm II., der zunächst geneigt gewesen war, die Partei der Arbeiter zu ergreifen, umschwenkte und nun seinerseits eine gewaltsame Beendigung des Massenstreiks zu erwägen gab. Dazu kam es nicht, und der Kaiser erzielte sogar durch sein Eintreten für bestimmte Forderungen der Streikenden einen persönlichen Prestigegewinn, der zugleich im Sinne einer Politik des sozialen Ausgleichs wirkte. Aber es war doch sehr deutlich geworden, wie schwer es war, das Staatsschiff bei rauhem Wetter auf festem Kurs zu halten.

Bismarck glaubte daher, den Kaiser hinter sich her in eine Situation ziehen zu können, in der er alle Trümpfe in der Hand haben würde. Ende Oktober 1889 legte er einen Gesetzentwurf über eine nunmehr unbefristete Verlängerung des Sozialistengesetzes vor. Die fortdauernde Unterdrückung der sozialistischen Arbeiterbewegung müsse unbedingten Vorrang haben vor allen Versuchen, im Verhältnis zwischen Arbeitnehmern und Arbeitgebern eine vermittelnde Position einzunehmen und die konkrete Situation am Arbeitsplatz und in der Arbeitswelt insgesamt auf gesetzgeberischem Wege zu verbessern.

Das zielte direkt auf den Kaiser und seine von seinem ehemaligen Lehrer Hinzpeter und dem Freiherrn von Berlepsch, dem Oberpräsidenten der Rheinprovinz, inspirierten Bestrebungen auf dem Feld der Arbeiterschutzgesetzgebung. Es zielte aber zugleich weit darüber hinaus auf die allgemeine politische Situation. Folgte der Reichstag in seiner Mehrheit unter dem Eindruck des Bergarbeiterstreiks dem Bismarckschen Vorschlag und den dahinterstehenden Argumenten, dann war jeder Politik eines sozialen Ausgleichs der Boden entzogen. Dann wurde der Staat auf Dauer zum repressiven Klassenstaat. Folgte er ihnen aber nicht, dann war mit der konkreten auch jede potentielle Reichstagsmehrheit zerstört, die nicht die liberale Linke und mit ihr die Anhängerschaft Kaiser Friedrichs einbezog – was Wilhelm II., wie Bismarck genau wußte, keinesfalls wollte.

Das war sehr klug ausgedacht und berechnet. Es hatte jedoch den entscheidenden Fehler, daß es dem jungen Kaiser unterstellte, er denke wie er, Bismarck, stets zugleich konstruktiv, habe bei seinem Kalkül immer auch die weitere Zukunft im Auge. Das aber war nur sehr begrenzt der Fall. Es ging Wilhelm II. in erster Linie um die Macht, um die Gewinnung des »persönlichen Regiments« – alles weitere werde sich dann schon finden. So wurde der neue Kaiser für Bismarck in den entscheidenden Augenblicken im buchstäblichen Wortsinn unberechenbar. Der Kanzler begann sich schließlich in seinem eigenen, so sorgfältig geknüpften Netz zu verwirren, dessen Schlingen keinen Halt in einer Gegenposition mehr fanden.

Zunächst fühlte Bismarck sich sehr sicher. Als der Kaiser in einer Kronratssitzung am 24. Januar 1890 mit starkem persönlichem Engagement ein Arbeiterschutzprogramm entwickelte, da schob er dieses als bloße Anregung beiseite: Unbedingten Vorrang müsse die konsequente Unterdrückung der sozialdemokratischen Bewegung haben, und hier dürfe man keine Konzessionen machen: die von konservativer wie von nationalliberaler Seite angeregte Streichung des Ausweisungsparagraphen im Sozialistengesetz lehnte er, gegen das Votum des Kaisers, entschieden ab. Wenn das Verlängerungsgesetz daran scheitere, dann müsse man sich eben »ohne dasselbe behelfen und die Wogen höher gehen lassen«, auch auf die Gefahr eines »Zusammenstoßes« hin. Wilhelms erregten Einwand, man müsse »ohne den äußersten Notfall solchen Katastrophen soweit möglich durch Präventivmaßregeln vorbeugen« und er wolle »nicht seine ersten Regierungsjahre mit dem Blut seiner Untertanen färben«, beschied Bismarck kühl, auf solche Eventualitäten müsse man sich eben einstellen, und so sei es nun einmal in der Politik. Zu seiner Genugtuung versagte sich dann auch die Mehrheit der Minister, die aus der Diskussion über den Bergarbeiterstreik im letzten Jahr wußte, wie rasch der Kaiser auch wieder umfiel, einem von diesem angeregten abweichenden Beschluß.

Wie vorauszusehen gewesen war, lehnte der Reichstag unter diesen Umständen am folgenden Tag die Verlängerung des Sozialistengesetzes ab. Damit war die bisherige Regierungsmehrheit dahin. Zurück blieb ein Scherbenhaufen – und der Verdacht, der Kanzler habe diese Situation bewußt herbeigeführt, um schließlich als unentbehrlicher »Retter in der Not« dazustehen, wie der badische Vertreter in Berlin es ausdrückte.

Gerade dieser Verdacht stand freilich dem Erfolg entgegen. Bismarck hat daher in den nächsten Tagen alles versucht, ihn zu zerstreuen. Er erklärte, er wolle die vom Kaiser ins Auge gefaßte Sozialpolitik nun doch mitmachen, sich im übrigen von der Innenpolitik weitgehend zurückziehen und sich ganz auf den Bereich der auswärtigen Politik konzentrieren. Daß er sich weigerte, zwei kaiserliche Erlasse gegenzuzeichnen, in denen Wilhelm II. am 5. Februar 1890 eine auf Versöhnung und sozialen Ausgleich ausgerichtete Sozialpolitik ankündigte, mochte man im Sinne eines solchen Rückzuges interpretieren, auch wenn es zunächst ebenso wie einige kritische Äußerungen gegenüber deutschen und selbst ausländischen Diplomaten neues Mißtrauen weckte. Viele, nicht zuletzt der Kaiser, der darüber gar nicht sehr erbaut war, gewannen in jenen Tagen den Eindruck, Bismarck lenke nach seiner Niederlage im Reichstag ein und suche mit einigen brummenden Bemerkungen nur das Gesicht zu wahren.

In diesem Sinne wäre dann das Ergebnis der Reichstagswahlen vom 20. Februar 1890, die den »Reichsfeinden«, Zentrum, Linksliberalen, Sozialdemokraten sowie Polen und Welfen, wie schon gesagt, rund 240 von knapp 400 Sitzen brachten, auch für ihn ein schwerer Schlag gewesen. Das Gegenteil aber war der Fall. Nun war die Situation da, in der der Kaiser seiner Meinung nach einsehen mußte, daß nur noch er, Bismarck, mit kühnen Schachzügen bis hin zu einem Bündnis mit dem Zentrum und unter Umständen sehr entschiedenen Maßnahmen einschließlich zumindest der Drohung mit einem Staatsstreich in der Lage sein werde, den Kurs einer »Regierung über den Parteien« und der strengen Wahrung des »monarchischen Prinzips« zu halten, von dem auch Wilhelm II. nicht abzuweichen gedachte. Noch einmal stellte Bismarck, wie 1862, zu Beginn seiner ministeriellen Laufbahn, ganz scharf die Alternative: Königs- oder Parlamentsherrschaft. Wilhelm II. aber suchte, anders als sein Großvater, nicht einen Retter. Er wollte sein eigener Bismarck sein. Nach einem kurzen Schock angesichts des verheerenden Wahlergebnisses und nach einer wenige Tage dauernden Phase scheinbarer Einigung über den künftigen Kurs faßte er, von den verschiedensten Seiten in der Überzeugung bestärkt, Bismarck werde doch stets nur versuchen, ihn zu überspielen, und alle Schachzüge und alles Entgegenkommen des Kanzlers auch gegenüber sprunghaften Meinungsänderungen des Monarchen dienten nur diesem Ziel, definitiv den Entschluß, sich so rasch wie möglich von ihm zu trennen.

Um diese Trennung herbeizuführen, ergriff Wilhelm II. nun jedes sich anbietende Mittel. Dazu gehörte schließlich auch ein angebliches schwerwiegendes Versäumnis Bismarcks auf dem Gebiet der auswärtigen Politik, also in einem Bereich, in dem dieser im In- und Ausland als unbestrittener Meister, ja, als die Autorität schlechthin galt. Gestützt auf Konsularberichte aus Kiew über Truppenverschiebungen an der russischen Südwestgrenze warf Wilhelm dem Kanzler am 17. März in einem offenen Handschreiben, das durch die Abteilungen ging, vor, er habe es unterlassen, ihn, das Staatsoberhaupt, »schon längst auf die furchtbar drohende Gefahr aufmerksam« zu machen: »Es ist die höchste Zeit, die Österreicher zu warnen und Gegenmaßregeln zu treffen.«

Es war der reine Theaterdonner, den Bismarck mit Leichtigkeit schon durch die Tatsache widerlegen konnte, daß Graf Schuwalow, der russische Botschafter, am selben Tag bei ihm vorgesprochen und eine Vollmacht zu Verhandlungen über eine Verlängerung des Rückversicherungsvertrages präsentiert hatte. Aber darum ging es nicht und auch nicht um eine Reaktion auf Geheimberichte aus London, die Bismarck dem Kaiser zwei Tage vorher zu lesen gegeben hatte und aus denen dieser hatte entnehmen können, was der Zar von seinem kaiserlichen Neffen in Berlin hielt: »C'est un garçon mal élevé et de mauvaise foi« – ein schlecht erzogener und übelmeinender junger Mann. Wie die Übergabe der Geheimberichte an den Betroffenen signalisierte auch der so leicht zu widerlegende Vorwurf eines angeblichen Pflichtversäumnisses nur die Unheilbarkeit des Bruches. Er, Bismarck, solle gehen – das war der Kern des Ganzen.

Natürlich nahm jemand wie Bismarck nach fast achtundzwanzig Jahren im Amt des preußischen Ministerpräsidenten und nach dreiundzwanzig zunächst im Amt des Bundeskanzlers des Norddeutschen Bundes und dann des Reichskanzlers nicht wortlos seinen Hut. Er war sich bewußt, was er sich und seinem Nachruhm schuldig war, wenn er jetzt formell um seine Entlassung einkam. Er ließ sich durch die Ungeduld des Kaisers nicht drängen, der zweimal, die demütigende Form der Vertreibung aus dem Amt unterstreichend, das Rücktrittsgesuch anmahnte. Es ging noch einmal, ein letztes Mal, bei der Formulierung der Gründe seines Rücktritts um große Politik, darum, dem weitverbreiteten Eindruck entgegenzuwirken, hier habe sich jemand nur aus nacktem Machterhaltungstrieb, ohne noch große, bedeutende Ziele vor Augen zu haben, bis zum letzten Tag an sein Amt geklammert, aus dem man ihn schließlich förmlich habe verjagen müssen.

Von allem anderen kühn abstrahierend, griff Bismarck zwei Streitfragen heraus, um die es unter anderem, unter sehr viel anderem, in den letzten Wochen gegangen war: die Frage der Aufhebung der Kabinettsorder von 1852 und die russische Frage. Jene Kabinettsorder Friedrich Wilhelms IV. hatte festgelegt, daß der preußische Ministerpräsident in alle direkten amtlichen Kontakte zwischen dem Monarchen und seinen Ministern mit Ausnahme derjenigen zwischen der Krone und dem Kriegsminister einzuschalten sei.

Auf diese Order hatte Bismarck den neuen Handelsminister von Berlepsch Ende Februar 1890 ausdrücklich hingewiesen, der für das Wilhelm II. so sehr interessierende Arbeiterschutzprogramm speziell zuständig war. Er hatte diesen Hinweis dann allen Ministern gegenüber wiederholt und ihnen auch noch eine Abschrift der Order zukommen lassen. Wilhelm II. hatte darin, nicht zu Unrecht, den Versuch gesehen, ihn politisch an die kurze Leine zu nehmen, und von Bismarck die Zustimmung zur Aufhebung der Order verlangt. Es war dies eines der Mittel gewesen, zu denen der Kaiser zuletzt gegriffen hatte, um den Kanzler zum Rücktritt zu veranlassen, da Bismarck diese Zustimmung natürlich weder geben konnte noch wollte.

In seinem Rücktrittsgesuch machte Bismarck nun daraus den Punkt, an dem man ablesen könne, worum es in Wahrheit gegangen sei und gehe. »In der absoluten Monarchie war eine Bestimmung, wie die Order von 1852 sie enthält, entbehrlich und würde es auch heute sein, wenn wir zum Absolutismus, ohne ministerielle Verantwortlichkeit, zurückkehrten.« Wer hingegen – wie er, der auf das konstitutionelle System verpflichtete Reichskanzler – an dieser ministeriellen Verantwortung festhalte, »wie sie das Wesen des Verfassungslebens bildet«, der könne darauf unter keinen Umständen verzichten.

Es sei also nicht um irgendwelche sachlichen Divergenzen gegangen, sondern um die Rückkehr zu einem neoabsolutistischen System. Dabei sei er, Bismarck, als Garant der bestehenden, verfassungsmäßigen Ordnung – die in Teilen zu beseitigen er in den letzten Wochen zumindest erwogen hatte – im Wege gewesen. Und im Wege sei er offenkundig auch auf dem Gebiet der Außenpolitik, genauer, der Politik gegenüber dem Zarenreich. Hier verlange man von ihm, »alle die für das Deutsche Reich wichtigen Erfolge in Frage« zu stellen, »welche unsere auswärtige Politik seit Jahrzehnten im Sinne der beiden Hochseligen Vorgänger Ew. Majestät in unseren Beziehungen zu Rußland unter ungünstigen Verhältnissen erlangt hat und deren über Erwarten große Bedeutung für die Gegenwart und Zukunft Graf Schuwalow mir nach seiner Rückkehr von Petersburg soeben bestätigt hat«.

Auch hier also, das war der unausgesprochene Vorwurf, sei man im Begriff, eine Abenteurerpolitik zu beginnen, für die er – und da sprach immerhin der erfahrenste und erfolgreichste Außenpolitiker der letzten beiden Menschenalter – gleichfalls die Verantwortung nicht übernehmen könne. Beides, die Tendenz zum Neoabsolutismus und eine Außenpolitik des unkalkulierbaren Risikos, stehe, so mußte jeder, der das las, schließen, in einem inneren Zusammenhang. Es spiegele die leichtfertige Abkehr von all dem wider, was ungeachtet aller leidenschaftlichen Auseinandersetzungen die jetzt zu Ende gehende geschichtliche Epoche ausgezeichnet habe: Stetigkeit, Maß, Festhalten am Bewährten, weitgehende Garantie der bestehenden Institutionen und Rechtsverhältnisse, Sicherheit im Rahmen des Möglichen.

All das war bereits bewußte Legendenbildung, Stilisierung eines Abschieds, den die Parteien und die deutsche Öffentlichkeit in ihrer Mehrheit zunächst mit hörbarem Aufatmen begrüßten. Sie wurde dann freilich, so wie sich die Dinge entwickelten, schon bald zur schweren Hypothek für seine Nachfolger, zur Grundlage eines förmlichen Kultes um den »Reichsgründer«, den »eisernen Kanzler«, den Mann, mit dem beziehungsweise »in dessen Geist« alles ganz anders gekommen wäre. Hier war bereits der Grundton seines Memoirenwerkes, der *Gedanken und Erinnerungen,* angeschlagen, das ihn in den nächsten Jahren beschäftigen und das dann einer der größten Bucherfolge des Jahrhunderts werden sollte. Daß er selber von dieser Grundlage aus noch einmal eine politische Renaissance erleben, wieder als aktiv Handelnder auf die politische Bühne zurückkehren würde, war freilich eine Illusion, die ihn zunächst belebte, dann aber, als sie sich zunehmend als solche erwies, seine letzten Lebensjahre überschattete und verdüsterte.

129

129 Schlußsitzung der deutsch-französischen Friedensverhandlungen in Frankfurt am Main am 10. Mai 1871. Stich nach einer Skizze von F. Wolf. Links am Tisch sitzend Bismarck.

130

131

132

130 Attentatsversuch des Böttchergesellen
Eduard Franz Ludwig Kullmann auf Bismarck am 13. Juli 1874
in Bad Kissingen. Nach einer Skizze von Karl Arnold
131 Die deutsche Studentenschaft huldigt Bismarck nach dem
mißglückten Attentat in Bad Kissingen. Foto (1874)
132 Gerson von Bleichröder (1822–1893), Berliner Bankier
und Bismarcks Vermögensberater. Gemälde von
Emile Wauters (1888). Berlin,
Bildarchiv Preußischer Kulturbesitz

133

134

135

136

133 Die Berliner Börse im Jahre 1883. Zeitgenössischer Holzschnitt **134** Der große Saal der Berliner Börse. Zeichnung von Knut Eckwall (1872) **135** Kruppsche Gußstahlfabrik an der Altendorfer Straße mit Kanonenwerkstatt I und Mechanischer Werkstatt II und III. Kolorierter Stich (um 1863). Essen, Historisches Archiv der Friedrich Krupp GmbH **136** Maschinensaal der Firma Richard Hartmann in Chemnitz. Zeichnung (um 1876). Dresden, Sächsische Landesbibliothek **137** Kaiser Wilhelm I. besichtigt im Jahre 1877 den Hammer »Fritz« in der Kruppschen Gußstahlfabrik. Essen, Historisches Archiv der Friedrich Krupp GmbH **138** Maschinenbauanstalt von August Borsig in Berlin. Lithographie nach einer Zeichnung von Gottlieb Biermann (F. Wagner / 1865). Berlin, Märkisches Museum

COMTOIR

139

140

141

139 Die Baracken der Obdachlosen in Berlin. Zeichnung von Georg Koch.
Dresden, Sächsische Landesbibliothek **140** Der Unzufriedene. Gemälde von Ludwig Knaus (1877).
Berlin, Deutsches Historisches Museum **141** Evangelium der armen Leute. Gemälde
von Jens Birkholm (1900). Berlin, Deutsches Historisches Museum

142

143 144

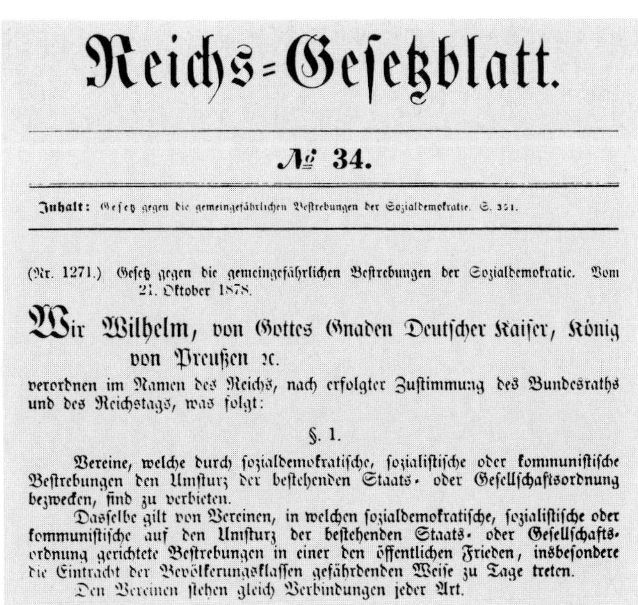

Reichs-Gesetzblatt.

№ 34.

Inhalt: Gesetz gegen die gemeingefährlichen Bestrebungen der Sozialdemokratie. S. 351.

(Nr. 1271.) Gesetz gegen die gemeingefährlichen Bestrebungen der Sozialdemokratie. Vom 21. Oktober 1878.

Wir Wilhelm, von Gottes Gnaden Deutscher Kaiser, König von Preußen rc.

verordnen im Namen des Reichs, nach erfolgter Zustimmung des Bundesraths und des Reichstags, was folgt:

§. 1.

Vereine, welche durch sozialdemokratische, sozialistische oder kommunistische Bestrebungen den Umsturz der bestehenden Staats- oder Gesellschaftsordnung bezwecken, sind zu verbieten.

Dasselbe gilt von Vereinen, in welchen sozialdemokratische, sozialistische oder kommunistische auf den Umsturz der bestehenden Staats- oder Gesellschaftsordnung gerichtete Bestrebungen in einer den öffentlichen Frieden, insbesondere die Eintracht der Bevölkerungsklassen gefährdenden Weise zu Tage treten.

Den Vereinen stehen gleich Verbindungen jeder Art.

145

146

142 Ludwig Windthorst (1812–1891), Führer der katholischen Zentrumspartei im Reichstag und politischer Gegner Bismarcks. Porträtfoto (1884). Berlin, Bildarchiv Preußischer Kulturbesitz
143 August Bebel (1840–1913), Mitbegründer und einer der bedeutendsten Führer der deutschen Sozialdemokratie. Foto (um 1865) **144** Wilhelm Liebknecht (1826–1900), Mitbegründer und einer der bedeutendsten Führer der deutschen Sozialdemokratie. Foto (1868)
145 Reichsgesetzblatt Nr. 34 vom 21. Oktober 1878 mit dem »Gesetz gegen die gemeingefährlichen Bestrebungen der Sozialdemokratie« (Sozialistengesetz). Titelseite **146** Die Delegierten des Kongresses der Sozialdemokratischen Arbeiterpartei in Dresden vom 12. bis 15. August 1871. In der mittleren Reihe August Bebel (8.v.l.)

FUMAGALLI
RESTAURATION
Busch
HONRA

147

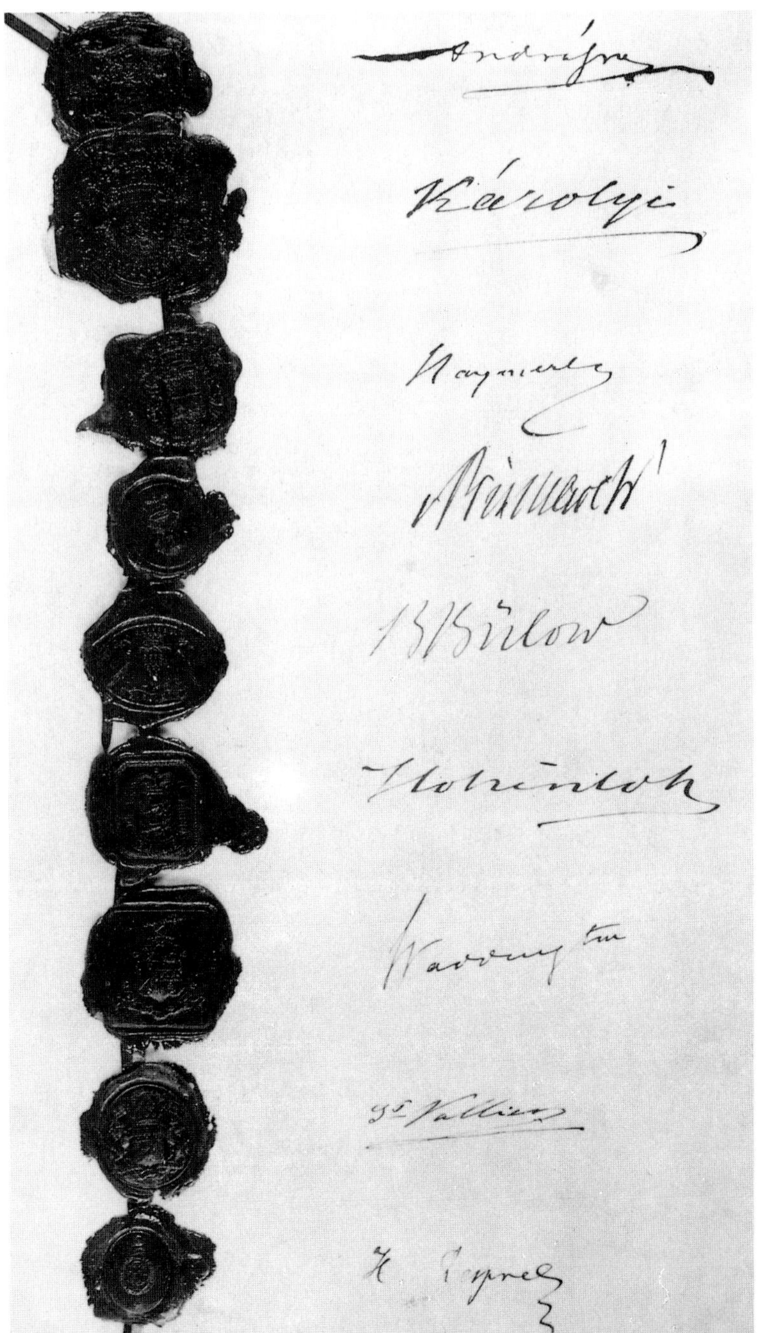
Andrássy
Károlyi
Haymerle
Bismarck
B Bülow
Hohenlohe
Waddington
St Vallier

148

149

147 Attentat Karl Eduard Nobilings auf Kaiser Wilhelm I. am 2. Juni 1878 in Berlin.
Aus den »Neu-Ruppiner Bilderbögen« **148** Ausschnitt der Urkunde des Berliner Vertrages vom 13. Juli 1878
149 Schlußsitzung des Berliner Kongresses 1878. Gemälde von Anton von Werner (1881). Berlin, Staatliche Museen zu Berlin, Nationalgalerie. Diese Konferenz leitender Staatsmänner der europäischen Großmächte und der Türkei unter dem Vorsitz von Bismarck beendete endgültig den russisch-türkischen Krieg, revidierte den Vorfrieden von San Stefano und beseitigte das russische Übergewicht auf dem Balkan. Links sitzend der russische Außenminister Alexander Michailowitsch Fürst von Gortschakow, rechts daneben stehend der britische Premierminister Benjamin Disraeli, in der Mitte Otto von Bismarck, links von ihm der Außenminister Österreich-Ungarns, Graf Gyula Andrássy, ganz rechts der türkische Marschall Mehmed Ali Pascha.

150

151

152

153

154

150–153 Bismarck-Porträts aus den Jahren 1870 bis 1889: Bismarck in Kürassieruniform und in der Feldmütze (**150**), in seinem Arbeitszimmer in Friedrichsruh (**151**), mit Vollbart wegen einer Gesichtsneuralgie (**152**) und an seinem Schreibtisch im Reichskanzleramt (**153**) **154** Bismarck mit den Bevollmächtigten zum Bundesrat im Foyer des alten Reichstages. Foto von Jul. Braatz, Berlin (1889)

155

156

157

158

1

155 Das Reichskanzlerpalais.
Eingang von der Wilhelmstraße. Foto (um 1880)
156 Sitzungssaal des Reichstags im Gebäude
des preußischen Abgeordnetenhauses am Dönhoffplatz
157 Bismarcks Arbeitszimmer in der alten Reichs-
kanzlei in Berlin. Foto **158** Ein parlamentarischer
Frühschoppen beim Fürsten Bismarck. Gemälde
von Ernst Henseler (1896)

176

176 Bismarck in Zivil. Foto von A. Bockmann (um 1890). Friedrichsruh, Bismarck-Museum **177** Ehrenbürgerbrief der Stadt Berlin vom 27. März 1871. Entworfen von Adolph von Menzel. Friedrichsruh, Bismarck-Museum **178** »Fürsten-Diplom für den Reichs-Kanzler und Präsidenten des Staats-Ministeriums Leopold Eduard Otto Grafen von Bismarck-Schönhausen« vom 23. April 1873. Friedrichsruh, Bismarck-Museum

Stadtverordneten Versammlung
das Ehrenbürgerrecht unserer Stadt
Berlin den 27. März 1871.
Magistrat
hiesiger Königlichen Haupt- und Residenzstadt.

177

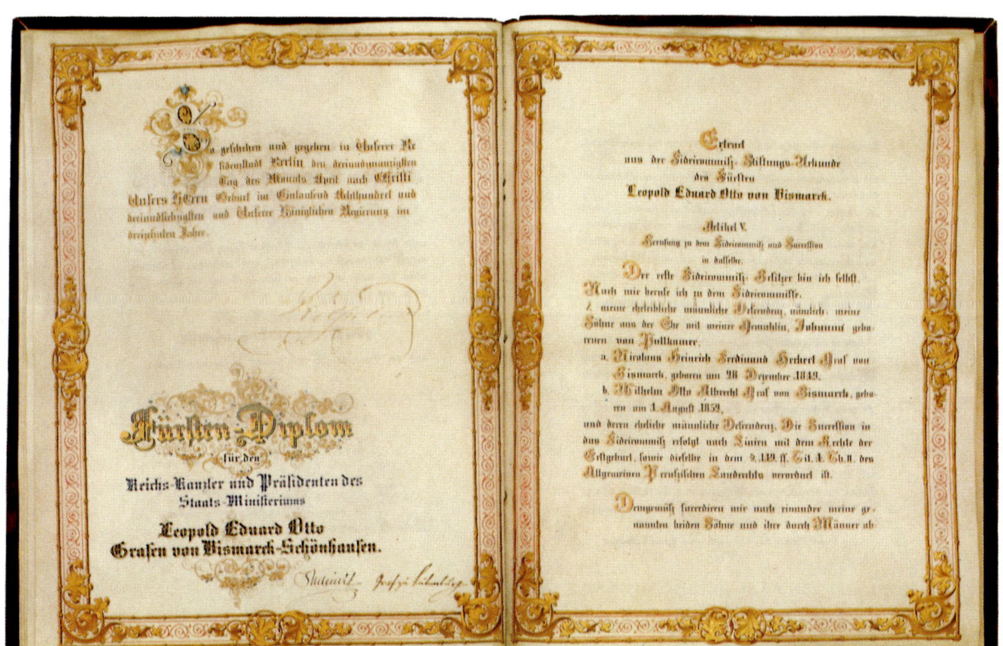

Fürsten-Diplom
für den
Reichs-Kanzler und Präsidenten des
Staats-Ministeriums
Leopold Eduard Otto
Grafen von Bismarck-Schönhausen.
Extract
aus der Fideicommiß-Stiftungs-Urkunde
des Fürsten
Leopold Eduard Otto von Bismarck.
Artikel V.

178

179 Das Ballsouper. Gemälde von Adolph von Menzel (1878).
Berlin, Staatliche Museen Preußischer Kulturbesitz, Nationalgalerie
(Foto: Berlin, Bildarchiv Preußischer Kulturbesitz)

179

180

181

182

180 Tempo der Gründerzeit. Gemälde von
Friedrich Kaiser (um 1875). Berlin, Märkisches Museum.
Bau der Grenadierstraße, heute Almstadtstraße
181 Arbeiter im Rübenfeld. Gemälde von Max Liebermann (1876).
Hannover, Niedersächsisches Landesmuseum, Landesgalerie
182 Ansicht der Lokomotivenfabrik Krauss & Comp. München.
Gemälde von Friedrich Perlberg (1882).
München, Krauss-Maffei AG

1000

186

186 Fürstin Johanna von Bismarck. Gemälde
von Franz von Lenbach (1894). Friedrichsruh, Schloß
187 Sitzung des Deutschen Reichstags am 6. Februar 1888
. Gemälde von Ernst Henseler (1896). Erfurt, Angermuseum
188 Otto von Bismarck und sein Sohn Herbert, Staatssekretär
des Auswärtigen Amtes von 1886 bis 1890. Zeichnung von
Franz von Lenbach (um 1892). Friedrichsruh, Schloß
189 Fürst Bismarck mit Prinz Heinrich vor der Ehren-
wache am königlichen Schloß in Berlin
am 26. Januar 1894. Foto von M. Ziesler, Berlin.
Köln, Privatbesitz

187

188

190

190 Bismarck auf dem Sterbebett.
Kreidezeichnung auf Ingrespapier von Franz von Lenbach (1898).
Berlin, Geheimes Staatsarchiv Preußischer Kulturbesitz

FÜNFTES KAPITEL

THE ENDING IS DESPAIR

Bismarcks Rücktrittsgesuch, das schließlich am Abend des 18. März 1890 abgegangen war, war selbstverständlich sofort angenommen worden. Elf Tage später, am Spätnachmittag des 29. März, verließ er, inzwischen zum Herzog von Lauenburg und Generalobersten der Kavallerie im Rang eines Generalfeldmarschalls ernannt, Berlin mit großem Bahnhof – »einem Leichenbegängnis erster Klasse«, wie er selber es später spöttisch nannte –, um endgültig nach Friedrichsruh überzusiedeln.

Die Politik »vertrockne alles in ihm«, »weder Jagd, noch Musik, noch Geselligkeit mache ihm mehr Freude«, hatte er in den letzten Jahren wiederholt geklagt. Das war nicht nur eine Zustandsbeschreibung, Augenblicksresultat des kaum je nachlassenden äußeren Drucks. Es war das Ergebnis einer inneren Entwicklung, eines immer ausschließlicher der Politik gewidmeten Lebens, und diese Entwicklung war nicht mehr umkehrbar. Der Abschied vom Amt bedeutete keinen Abschied von der Politik, auch nicht nach Monaten und nach Jahren. Im Gegenteil. Die Entlastung von den amtlichen Geschäften, von den Aufgaben des Tages verstärkte gleichsam den Innendruck, das Kreisen um zentrale politische Fragen der Vergangenheit und der Gegenwart, oft dann freilich auch um Scheinprobleme, wie sie der Tag gerade brachte.

Auf dem sich in jenen Jahren stürmisch ausweitenden publizistischen Massenmarkt, der ständig mit neuen Nachrichten, mit Lageanalysen, mit Meinungen, auch mit Klatsch, mit Meldungen aus dem Leben bekannter Persönlichkeiten bedient werden wollte, blieb der unter so spektakulären Umständen, in offenem Konflikt mit dem neuen Kaiser aus dem Amt geschiedene Kanzler natürlich eine zentrale Figur, ja, geradezu eine Art Gegenkanzler, ein »Kanzler ohne Amt«, wie man ihn rückblickend genannt hat. Jede Äußerung, jedes Interview, jede Nachricht aus Friedrichsruh besaß in diesem Sinne einen speziellen Wert, wurde hoch gehandelt.

Und der einstige Kanzler zierte sich nicht. Er, der die wachsende Bedeutung der veröffentlichten Meinung, der Presse, schon sehr früh erkannt und bald gelernt hatte, mit diesem Instrument virtuos umzugehen, setzte es auch jetzt, in den ihm verbliebenen Möglichkeiten, zielbewußt ein. Dabei überließ er sich nicht den Zufälligkeiten der Nachfrage, sondern trat rasch mit eigenen, sorgfältig ausgewählten und berechneten Angeboten hervor.

Fast unmittelbar nach seiner Entlassung baute Bismarck ein förmliches Propagandanetz auf mit den *Hamburger Nachrichten* und deren leitendem politischem Redakteur Hermann Hofmann als Mittelpunkt. Von hier aus erfuhr die deutsche und auch die internationale Öffentlichkeit ständig, wie der einstige Kanzler die gegenwärtige Lage beurteilte, was er von einzelnen Personen halte, wie er sich die Lösung dieses innenpolitischen, jenes außenpolitischen Problems vorstellte, aber auch, wie er sich fühlte, was er gerade unternahm, wer ihn aufsuchte, was bei dieser Gelegenheit gesagt und was nicht gesagt worden war.

Ein nicht endenwollender Strom von Besuchern – Diplomaten und Journalisten, Studentendelegationen und städtischen Honoratiorenabordnungen, Abgesandten von Bismarckvereinen, Abgeordneten und einzelstaatlichen Ministern, in- und ausländischen Fürstlichkeiten – erschien im Sachsenwald. Die Geburtstagsfeiern wurden zu wahren Volksaufläufen, gipfelnd am achtzigsten, 1895, an dem allein die Geschenksendungen ganze Güterwaggons füllten. War er in den Jahren seiner Amtszeit, von der kurzen Zeit unmittelbar nach 1871 abgesehen, fast stets umstritten gewesen, so wurde er nun zu so etwas wie einer nationalen Kultfigur, Ziel mehr von Pilgerfahrten als von Besuchen. »Hätte ihn der Kaiser noch kurze Zeit im Amte ertragen«, notierte Gustav Freytag im Jahr von Bismarcks achtzigstem Geburtstag, »er würde sich an Junkern, Ultramontanen und Sozialisten abgestützt haben, und sein Scheiden wäre eine dauernde Bitterkeit geworden. Jetzt aber ist gerade das, was ihm als der größte Schmerz und uns anderen als sein Verhängnis erschien, die Erhebung seines Alters geworden. Eine Popularität, wie sie nie ein Deutscher gehabt hat. Seine Entlassung ist sein letztes großes Glück, seine Sühne geworden.«

Sein Glück sicher nicht gerade. Zwar genoß Bismarck, was ihm an Bewunderung, ja, Verehrung fast täglich entgegenschlug. Aber gleichzeitig verzehrte er sich in dem Gedanken, von allem wirklichen Leben, von seinen

Kämpfen und Entscheidungen abgeschnitten, aufs Altenteil geschoben zu sein. Und er setzte alles ein – auch wenn er im Innersten wohl wußte, wie vergeblich das war –, um diese Situation zu durchbrechen. Zunächst einmal seine Popularität, seinen Ruhm, den Ruf, der größte Staatsmann seiner Zeit zu sein. In Berlin, so ließ er durchblicken, seien Schuljungen am Werk, die die Abwesenheit des Lehrers zu dummen, zum Teil auch zu bösen Streichen nutzten. Andererseits blieben sie in allem, was sie unternähmen, auf ihn fixiert. »Ich bin der dicke Schatten, der zwischen ihm und der Ruhmessonne steht«, höhnte er über Wilhelm II. Und über seine Personalpolitik: »Die Persönlichkeiten der jetzigen Minister sind so dünn ..., daß die Person des Monarchen immer durchscheint.«

Dabei freilich ließ er es nicht bewenden. Was sich tagtäglich auf seine Person konzentrierte, sei Ausdruck einer tiefen Unzufriedenheit mit der gegenwärtigen Politik, mit ihren unbedachten Entscheidungen, mit ihren abrupten Kurswechseln, mit ihrem fast vollständigen Mangel an über den Tag, über Eitelkeit und Geltungsbedürfnis hinausreichenden Zielvorstellungen und Grundsätzen. Vielleicht müsse er, so alt er sei, doch noch einmal aktiv werden, um zu verhindern, daß man sein Werk verspiele.

Daß das keine ganz leere Drohung sei, wurde deutlich, als im März 1891, ein Jahr nach seiner Entlassung, aus Friedrichsruh die Nachricht kam, der einstige Kanzler habe sich entschlossen, eine ihm vom nationalliberalen Wahlkomitee des Wahlkreises Hannover-Lehe angetragene Kandidatur für eine Reichstagsnachwahl anzunehmen. Bismarck etwa als Sprecher einer wie auch immer zusammengesetzten Opposition im Reichstag – das mußte manchen nervös machen, der sich ausmalte, was der Auftritt eines Redners von diesem Format und mit diesen Kenntnissen aus dem Innenkreis der Macht bedeuten konnte. Von diesen Kenntnissen machte er bisher schon reichlich Gebrauch und erzeugte damit immer neue Wellen der Nervosität. Wilhelm II. erwog gelegentlich allen Ernstes, Bismarck wegen »Hochverrats« den Prozeß machen zu lassen, und erklärte wiederholt, wenn der ehemalige Kanzler so weitermache, werde er »doch noch eines Tages in Spandau endigen«.

Die Nachwahl in Hannover wurde dann allerdings nicht zu dem erwarteten Triumph. Zwar wurde er gewählt. Aber er erhielt in Rudolf von Bennigsens, des langjährigen nationalliberalen Parteiführers, altem Wahlkreis bei geringer Wahlbeteiligung nur dreiundvierzig Prozent der Stimmen, sprich, er mußte in die Stichwahl. In ihr konnte der sozialdemokratische Gegenkandidat immer noch mehr als ein Drittel der Wähler auf sich vereinigen.

Es steht dahin, ob Bismarck aus diesem Grund oder aus der Einsicht, daß die Drohung wirksamer sein werde als die Realität, dann nie als Abgeordneter in Berlin erschien. Immerhin wußte in den nächsten zwei Jahren niemand – 1893 verzichtete Bismarck auf eine neuerliche Kandidatur –, ob er nicht plötzlich, in einer parlamentarischen Konfliktsituation, »wie Banquos Geist an Macbeths Tisch« in Berlin erscheinen und versuchen werde, den Reichstag zu seinem politischen Forum zu machen. Das verschaffte allem, was in der von Friedrichsruh »inspirierten« Presse, also insbesondere in den *Hamburger Nachrichten*, zu innen- und außenpolitischen Streitfragen zu lesen war, ein noch größeres Echo. Es verstärkte bei Anhängern wie Gegnern den Eindruck, Bismarck sei und bleibe ein politischer Machtfaktor ersten Ranges.

Das war er in Wahrheit freilich nur begrenzt. Seine Reise nach Wien im Sommer 1892 zur Hochzeit seines ältesten Sohnes Herbert, des ehemaligen Staatssekretärs des Auswärtigen Amtes, als »politische Demonstration der Dynastie Bismarck« zu bezeichnen, wie Kiderlen-Waechter, der spätere Amtsnachfolger Herbert von Bismarcks, dies tat, ging an der Wirklichkeit vorbei. Und die Bemühungen Wilhelms II. und seiner Regierung, Bismarck auf dieser Reise von allen offiziellen Kontakten, nicht nur in Wien, sondern auch in Dresden und München, wo er auf der Hin- beziehungsweise der Rückreise Station machte, möglichst weitgehend zu isolieren, zeigten nur deren tiefe Unsicherheit und Ungeschicklichkeit. Sie bewirkten dann allerdings ihrerseits, daß die Reise schließlich zu einer neuerlichen Demonstration der Popularität und des ständig wachsenden Ansehens des einstigen Kanzlers wurde. Und sie verstärkten die Resonanz aller seiner Äußerungen, die in einem Interview mit der

Neuen Freien Presse in Wien gipfelten. In ihm gab er noch einmal seiner tiefen Sorge um die Bewahrung seines Lebenswerkes Ausdruck und ließ die Frage offen, ob er über kurz oder lang nicht doch noch im Reichstag erscheinen und dort »die Regierung en visière ouverte angreifen« werde, »gewissermaßen als Chef der Opposition«.

Aber so sehr Bismarck damit manchen in Berlin irritieren mochte bis hin zu Gerüchten, Wilhelm II. erwäge eine neuerliche Kehrtwendung, um nicht von der offenbar nicht mehr einzudämmenden Popularitätswelle überrollt zu werden – von einem ärgerlichen Störfaktor zu einem wirklichen Machtfaktor wurde Bismarck nicht mehr. Alles, was er unternahm, blieb bei aller öffentlichen Wirkung »Pseudopolitik«, wie sein Sohn Herbert es einmal formuliert hat. Und einem Mann von der Nüchternheit und dem Realismus eines Bismarck ist das natürlich nicht entgangen.

Hinzu kam noch etwas anderes. Bismarck war es gewohnt gewesen, die Öffentlichkeit, die Parteien, einzelne bedeutende Persönlichkeiten, Monarchen und Diplomaten, Beamte und Militärs zu benutzen, für sich einzuspannen, für seine Ziele einzusetzen. Das versuchte er auch weiterhin. Aber es wurde immer unübersehbarer, daß die Situation sich umzukehren begann. Viele kamen, um dem »Reichsgründer« ihre Reverenz zu erweisen, um seine Meinung und seinen Rat zu hören, in Bewunderung oder auch aus bloßer Neugierde. Eine ständig wachsende Zahl aber kam, um für ihre sehr verschiedenartigen Ziele und Vorhaben den Segen und die Unterstützung des berühmten Mannes zu gewinnen, ihn und seine Popularität vor den eigenen Wagen zu spannen: Agrarier und Industrielle, Mittelstandsvertreter und Professoren, Konservative und Nationalliberale, Alldeutsche und Kolonialenthusiasten, Kritiker des Reichszentralismus und des preußisch-kaiserlichen Machtanspruchs, ein buntes Gemisch von Personen und Interessen, die nur das eine gemeinsam hatten, daß sie mit dem Mann von gestern ihre eigene Zukunft zu beschwören versuchten.

Sich in dieser Weise gebrauchen zu lassen, dafür war Bismarck nicht der Mann. Er versuchte immer wieder, die Konstellation umzukehren und die Interessen wie einst für sich arbeiten zu lassen. Aber es wurde ihm immer schmerzlicher bewußt, daß die Interessen in dieser Art zu bündeln und ihnen eine Richtung zu geben nur der vermag, der über die Macht verfügt, die Macht, Wünsche zu erfüllen oder sich ihnen zu versagen, die Macht, die Rahmenbedingungen entscheidend zu gestalten und zu verändern. So begann er langsam zu resignieren, vor allem nach dem Tode seiner Frau Johanna Ende November 1894.

Was sie in seinem Leben bedeutet hatte, hat er immer wieder, weit entfernt von der diesbezüglichen Formelsprache, zum Ausdruck gebracht. »Ich danke Gott und danke Dir«, telegraphierte er ihr zum vierzigsten Hochzeitstag, »für 40 Jahre unwandelbarer Liebe und Treue. Es waren 14 610 Tage, daneben 2088 Sonntage und zehn 29te Februare. Gute und schlimme, aber doch viel mehr gute.« – »Was mir blieb, war Johanna«, schrieb er drei Wochen nach ihrem Tod an seine Schwester. »Der Verkehr mit ihr, die tägliche Frage des Behagens, die Betätigung der Dankbarkeit, mit der ich auf achtundvierzig Jahre zurückblicke. Und heute ist alles öde und leer . . . Ich schelte mich undankbar gegen so viel Liebe und Anerkennung, wie mir im Volk über Verdienst geworden ist; ich habe mich vier Jahre darüber gefreut, weil *sie* sich auch freute, wenn auch mit Zorn gegen meine Gegner, hoch und niedrig. Heut aber ist auch diese Kohle in mir verglimmt.«

»Hoffentlich nicht für immer, falls mir Gott noch Leben beschert«, hatte er hinzugefügt. Aber die Auftritte in der Öffentlichkeit gingen nun doch sehr zurück, und er meldete sich auch immer seltener in öffentlichen Streitfragen zu Wort, so, als er im Herbst 1896 im Zusammenhang mit den Auseinandersetzungen um den künftigen Kurs der deutschen Außenpolitik in den *Hamburger Nachrichten* das Geheimnis des Rückversicherungsvertrages enthüllen ließ und damit im In- und Ausland einen förmlichen Orkan entfesselte.

Nach der, sehr äußerlichen, »Versöhnung« mit Wilhelm II. Anfang 1894 war der alte Kanzler noch einmal, an seinem achtzigsten Geburtstag, am 1. April 1895, ganz ins Rampenlicht getreten, zumal die Reichstagsmehrheit ihm eine Glückwunschadresse zu diesem Tag versagt und damit einen großen Proteststurm ausgelöst hatte, der die Aufmerksamkeit noch mehr auf ihn konzentrierte. Mit »tiefster Entrüstung«, telegraphierte Wilhelm II. nach Friedrichsruh, habe er von diesem Beschluß des Reichstags Kenntnis genommen, der »in vollstem Gegensatz zu Gefühlen aller deutschen Fürsten und Völker« stehe. Aber gerade diese Auseinandersetzungen um seinen Geburtstag zeigten bei genauerem Hinsehen, wie die Zeit über ihn hinweggegangen war, wie man mit seiner Person Politik machte und wie man sich mit ihr, über eine bestimmte Deutung der Vergangenheit, einer bestimmten Zukunft zu versichern suchte.

Auch das war Bismarck alles andere als fremd. Aber auch in dieser Hinsicht hatte er inzwischen weitgehend resigniert. Im Oktober 1890 hatte er, noch ganz unter dem unmittelbaren Eindruck der Entlassung und mit dem festen Willen, sich nicht einfach aufs Altenteil schieben zu lassen, mit der Niederschrift seiner Memoiren begonnen. Mit Dienst an der Historie hatte das wenig zu tun und auch kaum etwas mit nüchterner, abgeklärter Bilanz aus der Perspektive des Rückblickes. Es war in erster Linie Fortsetzung der Politik, auch und gerade der aktuellen Politik, mit anderen Mitteln, Kampf um sein Lebenswerk, wie Bismarck das gern verhüllend nannte.

Sein langjähriger Mitarbeiter Lothar Bucher hatte alle Hände voll zu tun gehabt, um den mit seiner Gegenwart und seinen Nachfolgern hadernden Autor wenigstens einigermaßen in den Bahnen der historischen Wahrheit zu halten. Als die ersten beiden Bände unmittelbar nach seinem Tode erschienen – der dritte, Wilhelm II. und der Entlassungskrise gewidmete Band kam nach langen Auseinandersetzungen erst 1921 heraus –, da lernte die deutsche Öffentlichkeit einen Autor kennen, dem an erzählerischer und kompositorischer Kraft, an Prägnanz und Farbigkeit des Stils, an Sinn für Nuancen und an Talent zu subtiler Dramatisierung nur wenige Schriftsteller des Jahrhunderts gleichkamen. Sie begegnete aber auch einem Mann, der, in ungebrochener politischer Leidenschaft, vor allem Gegenwart und Zukunft im Blick hatte und die Schilderung, die Deutung der Vergangenheit, wo es irgend ging, in deren Dienst zu stellen bestrebt war. Das hat er, unter Buchers strenger Aufsicht, aber auch vom eigenen Naturell her, nicht durchzuhalten vermocht. Das Geschäft des Historikers seiner selbst und seiner Zeit begann ihn zunehmend zu faszinieren, das Eigengewicht der geschilderten Persönlichkeiten und Ereignisse machte sich geltend, die innere Logik der jeweiligen Situation brach sich in der Darstellung Bahn und entzog sich der manipulatorischen Absicht. Aber im Kern blieb das Ganze eine politische Streitschrift mit dem Ziel zu dokumentieren, wie sehr Geschichte und politische Vernunft nach wie vor auf der Seite des Verfassers seien, dieser also wie einst auch jetzt die Zukunft repräsentiere, die immer zugleich, bei allen notwendigen Veränderungen, Treue zur Vergangenheit sei. Praktisch zu wirken, die Verhältnisse mitzugestalten, der Welt seinen Stempel aufzuprägen – das war und blieb sein eigentlicher Antrieb. Und als dieser erlahmte, gab er auch das Memoirenwerk rasch auf. Nach dem Tode Buchers hat er für die ursprünglich geplanten weiteren Bände keine Zeile mehr geschrieben.

Daß es im Sinne ursprünglicher Pläne ein Fragment war, blieb freilich, so locker wie das Ganze angelegt und aufgebaut war, weitgehend verborgen. So wie es der Autor beabsichtigt hatte, erschienen die *Gedanken und Erinnerungen* vielmehr als ein in sich abgerundetes Vermächtnis, als die Erfolgsgeschichte eines inzwischen fast schon zum Mythos gewordenen Mannes, der mit und nicht selten auch gegen die vorherrschenden Kräfte und Mächte seiner Zeit das moderne Deutschland geschaffen hatte, unter Einbeziehung und Einbau jener Elemente, die für Gegenwart und Zukunft dieses Werkes aus der Vergangenheit unentbehrlich gewesen waren.

Die Monarchie nannte Bismarck hier an erster Stelle, Preußen, seine Staatsidee und seine Großmachtstellung, dann eine Regierung, die mit dem Parlament zusammenzuarbeiten bereit, aber nicht völlig von ihm abhängig sei, den Föderalismus, die Einbettung der einzelnen Staaten in ein funktionierendes europäisches Mächtesystem, schließlich den Adel als staatstragende Schicht mitsamt seinen agrarischen Grundlagen. Das seien die Strebepfeiler des deutschen Nationalstaats, ohne die er über kurz oder lang zusammenzubrechen drohe.

Worin das spezifisch Moderne des Reiches bestand, dessen Begünstigung sich gleichfalls mit seinem Namen verband, brauchte er nicht zu betonen: die sich immer mehr entfaltende Industriewirtschaft, der Reichstag des allgemeinen Wahlrechts mit seinen trotz aller Beschränkungen ständig an Einfluß gewinnenden Parteien, das Rechts- und Bildungssystem, die Organisation und Leistungsfähigkeit der Bürokratie, das Heerwesen und nicht zuletzt das vielerorts als Muster gepriesene System der Sozialversicherung. Aber es war eben doch bezeichnend, wo er nachdrücklich die Akzente setzte, was er an »seiner« Schöpfung für konstitutiv und unverzichtbar erklärte.

Es waren jene Faktoren, die bis auf den Föderalismus seither allesamt verschwunden sind. Ob sich damit zugleich seine Voraussage bewahrheitet hat, daß daran die nationale Einheit, der innere Zusammenhang des deutschen Nationalstaats in seiner 1871 geschaffenen Form hänge, sei dahingestellt. So viel aber ist wohl doch deutlich, daß die spezielle Ordnung der Dinge, die er damals mit ungewöhnlichen, teilweise revolutionären Methoden zusammengebracht hat, nicht in der Weise gehalten hat, wie ihm das vor Augen schwebte und wie er es in seinen Memoiren noch einmal mit aller Leidenschaft beschwor.

Jene Ordnung sollte das bewahren, in sich aufheben, woran Bismarck jenseits aller persönlichen Machtinteressen, jenseits seines in seinen Mitteln nie wählerischen Selbstbehauptungswillens, so sehr lag: Adel und Monarchie, Preußen und das europäische System, eine handlungsfähige Regierung über den Parteien und eine stabile, an der Überlieferung orientierte soziale Ordnung. Ihre Elemente aber erwiesen sich als zu heterogen, die Dynamik des Neuen als zu groß, um sich als dauerhaft zu bewähren. Derjenige, der sie unter den staunenden Augen vieler Zeitgenossen, fast wie ein moderner Hexenmeister, zustande gebracht hatte, wurde dann doch zum Zauberlehrling, der vieler der von ihm zwar nicht geschaffenen und nicht einmal geweckten, aber benutzten und geförderten Kräfte nicht mehr Herr wurde. So lag die geschichtliche Logik schließlich, bei aller Erbärmlichkeit der Motive und des Vorgehens, doch bei Wilhelm II., waren der Widerstand und das anschließende Sichaufbäumen Bismarcks, jenseits aller Fragen der biologischen Grenzen, zum Scheitern verurteilt. Von einem Empfang einer Studentendelegation in Kissingen notierte der junge Harry Graf Kessler, ein glühender Bismarck-Bewunderer wie viele der damaligen Studenten: »Je länger man zuhörte, um so stärker zwang sich einem die Erkenntnis auf, daß, was er sagte, sich an eine Generation wandte, die der Vergangenheit angehörte ... Uns, uns Jungen, hatte er offenbar nichts zu sagen ... Er bot uns jungen Deutschen als Lebenszweck ein politisches Rentnerdasein, die Verteidigung und den Genuß des Erworbenen; unser Schaffensdrang ging leer aus ... Er war, wie schmerzlich in die Augen sprang, kein Anfang, sondern ein Ende, ein grandioser Schlußakkord – ein Erfüller, kein Verkünder!«

Auch Bismarck selber sind solche Einschätzungen im Lager seiner wirklichen Bewunderer und Verehrer, jener, die ihn nicht nur als Aushängeschild benutzen wollten, je länger, je weniger verborgen geblieben. Auch ihm, diesem »Genie des Gegenwärtigen«, wie man ihn genannt hat, wurde schmerzhaft bewußt, wie rasch die Zeit nicht nur voran-, sondern auch über ihn hinwegschritt. Der »kalte Hauch geschichtlicher Vergänglichkeit«, den Max Weber bei dem »Versöhnungsbesuch« Bismarcks in Berlin im Januar 1894 spürte, hat ihn, den Mann des Heute, den leidenschaftlichen Kämpfer, immer stärker angeweht. Am Ende standen zunehmende Resignation, das Gefühl fortschreitender Vereinsamung und schließlich ein wachsender Lebensüberdruß.

Aus dem Epilog des Prospero aus Shakespeares *Sturm,* des Autors, der ihn sein Leben lang begleitet hatte, kannte Bismarck den dunklen Satz: »And my ending is despair.« Schwere Durchblutungsstörungen, die sich, gefördert durch zunehmende Bewegungsarmut, auf ein Bein konzentrierten und es langsam absterben ließen, führten zu zeitweise unerträglichen Schmerzen. Ohne ein darüber hinausgehendes akutes Krankheitsbild quälte er sich dem Ende entgegen. Am Abend des 30. Juli 1898, kurz vor elf Uhr, war es vorbei. Prospero hatte aber auch einen Trost zur Hand gehabt: »Unless I be reliev'd by prayer.« – »Gib, daß ich meine Johanna wiedersehe«, notierte die Frau Herberts das letzte Gebet des Schwiegervaters.

DROPPING THE PILOT.

191

191 Der Lotse geht von Bord. Karikatur im »Punch« vom 29. März 1890

192

192 Abschied von Berlin:
Bismarck spricht aus seinem Salonwagen am 16. Juli 1894 auf dem Stettiner Bahnhof. Foto
193 Schloß Friedrichsruh vor Erbauung des Pförtnerhäuschens. Foto (1890) **194** Bismarck im Kreise seiner Familie und Freunde in Friedrichsruh. Foto (1893). Links von ihm Fürstin Johanna von Bismarck, Ernst Schweninger (stehend), Marie Gräfin zu Rantzau, geb. v. Bismarck (sitzend), Wilhelm von Bismarck (stehend), Magdalena von Lenbach (sitzend), Herbert von Bismarck (links am Tisch sitzend); hinter ihm Kuno Graf zu Rantzau. Ganz rechts steht Franz von Lenbach.

193

194

195 Bismarcks Ehrung durch Kaiser Wilhelm II.: Schwertübergabe am 26. März 1895. Foto von M. Ziesler, Berlin. Köln, Privatbesitz. Die Inschrift auf dem Ehrenschwert lautet: »Dem Fürsten von Bismarck, Herzog von Lauenburg, zur Vollendung seines 80. Lebensjahres am 1. April 1895.«

196

197

198

199

200

201

196–201 Die letzten Lebensjahre: Bismarck beim Spaziergang in Friedrichsruh, 1892 (**196**); mit seiner Schwiegertochter, 1896 (**197**); Begrüßung durch Offiziere, 1892 (**198**); Besichtigung neuer landwirtschaftlicher Maschinen in Friedrichsruh, 1897 (**199**); beim Morgenspaziergang an der Saline in Bad Kissingen am 25. August 1893 (**200**); Bismarcks Hoch auf Kaiser und Reich am 24. Juli 1892 in Bad Kissingen (**201**)
202 Bismarcks letzte Ausfahrt in Friedrichsruh. Foto (1897)

ZEITTAFEL

1815
Geburt Bismarcks auf
Gut Schönhausen bei Magdeburg (1. 4.)

1822
Eintritt Bismarcks in die
Plamannsche Erziehungsanstalt zu Berlin

1827–1830
Besuch des Friedrich-Wilhelm-Gymnasiums
zu Berlin

1830–1832
Gymnasium zum Grauen Kloster
bis zum Abitur

1832–1834
Studium der Rechte an den Universitäten
in Göttingen und Berlin

1835
Auskultator am Königlichen Stadtgericht,
anschließend beim Kammergericht in Berlin

1836
Regierungsreferendar in Aachen

1837
Referendar beim Regierungspräsidium
in Potsdam

1838
Militärdienstjahr bei den Gardejägern

1839
Bismarck scheidet aus dem Staatsdienst
aus und übernimmt die Bewirtschaftung des
väterlichen Gutshofes Kniephof/Pommern

Tod der Mutter
Wilhelmine Luise von Bismarck, geb. Mencken

1842
Reisen nach England, Frankreich
und in die Schweiz

1845
Nach dem Tode des Vaters
Ferdinand von Bismarck
Übersiedlung auf Gut Schönhausen

1847
Heirat mit Johanna von Puttkamer

Abgeordneter des ersten Vereinigten Landtags
in Preußen

1848
Februarrevolution in Frankreich

Märzrevolution in Deutschland

Berufung liberaler Ministerien in den
deutschen Staaten (in Preußen 29. 3.)

Eröffnung der Frankfurter (18. 5.) und der
Berliner Nationalversammlung (22. 5.)

Abdankung Kaiser Ferdinands I. von Österreich
und Thronfolge seines Neffen
Franz Joseph I. (2. 12.)

Auflösung der preußischen Nationalversammlung
und Oktroyierung einer Verfassung (5. 12.)

1849
Wahl Bismarcks in die zweite Kammer
des preußischen Landtags

Verkündung der deutschen Reichsverfassung
(28. 3.) und Ablehnung der Kaiserwürde
durch den preußischen König (28. 4.)

Einführung des Dreiklassenwahlrechts
in Preußen (30. 5.)

1850
Bismarck wird Abgeordneter des
Erfurter Parlaments

Wiedereröffnung des Frankfurter
Bundestages (1. 9.)

1851
Ernennung Bismarcks zum Gesandten
am Frankfurter Bundestag

Staatsstreich Louis Napoléon Bonapartes (2. 12.)

Erste Weltausstellung in London

1853
Beginn des Krimkrieges

1856
Ende des Krimkrieges und Friede
von Paris (30. 3.)

1858
Wilhelm (I.) von Preußen übernimmt die
Regentschaft für seinen geisteskranken
Bruder Friedrich Wilhelm IV.

1859
Abberufung Bismarcks aus Frankfurt
und Ernennung zum preußischen Gesandten
in Petersburg (23. 1.)

Französisch-piemontesische
Kriegserklärung an Österreich (3. 5.)

1860
Britisch-französischer
Freihandelsvertrag (23. 1.)

1861
Tod Friedrich Wilhelms IV. von Preußen und Thronbesteigung Wilhelms I. (2. 1.)

Gründung der Deutschen Fortschrittspartei (6. 6.)

Ausrufung Viktor Emanuels II. von Piemont zum »König von Italien« (14. 3.)

1862
Preußischer Verfassungskonflikt

Ernennung Bismarcks zum preußischen Gesandten in Paris

Berufung Bismarcks zum preußischen Ministerpräsidenten (24. 9.)

1863
Polnischer Aufstand gegen Rußland (22. 1.)

Gründung des Allgemeinen Deutschen Arbeitervereins in Leipzig (23. 5.)

1864
Sieg Preußens über Dänemark an den Düppeler Schanzen (16. 4.) und Abtretung Schleswigs und Holsteins an Preußen und Österreich (30. 10.)

1866
Attentat auf Bismarck (7. 5.)

Beginn des »Deutschen Krieges« (21. 6.)

Friede von Prag und Auflösung des Deutschen Bundes (23. 8.)

Gründung des Norddeutschen Bundes

1869
Gründung der Sozialdemokratischen Arbeiterpartei in Eisenach (7.–9. 8.)

1870
Emser Depesche (13. 7.)

Kriegserklärung Frankreichs an Preußen (19. 7.)

Kapitulation einer französischen Armee bei Sedan (2. 9.)

1871
Proklamation des deutschen Kaiserreichs in Versailles (18. 1.)

Bismarck wird erster deutscher Reichskanzler

Aufstand der Pariser Kommune (18. 3.–28. 5.)

Friede von Frankfurt am Main (10. 5.)

1872
Beginn des Kulturkampfes in Preußen und im Deutschen Reich

1873
Börsenkrach in Wien und Beginn der »Großen Depression«

Dreikaiserabkommen zwischen Österreich-Ungarn, Rußland und dem Deutschen Reich (22. 10.)

1875
»Krieg-in-Sicht«-Krise (8. 4.–13. 5.)

1877
Kriegserklärung Rußlands an das Osmanische Reich (24. 4.)

Bismarcks Kissinger Diktat (15. 6.)

1878
Berliner Kongreß (13. 6.–13. 7.)

Verabschiedung des sogenannten Sozialistengesetzes durch den Reichstag (18. 10.)

1879
Verabschiedung der Schutzzollgesetze durch den Reichstag (12. 7.)

Zweibund zwischen dem Deutschen Reich und Österreich-Ungarn (7. 10.)

1881
Ermordung Zar Alexanders II. (13. 3.)

Proklamation einer neuen staatlichen Sozialpolitik durch Kaiser Wilhelm I.

1883
Annahme des Krankenversicherungsgesetzes als erstes Sozialgesetz durch den Reichstag (15. 6.)

1884
Erwerb deutscher Kolonien in Afrika

1885
Kongo-Konferenz in Berlin

1887
Abschluß des Rückversicherungsvertrages zwischen Rußland und dem Deutschen Reich (18. 6.)

1888
Tod Kaiser Wilhelms I. (9. 3.)

99-Tage-Kaisertum Friedrichs III.

Thronfolge Wilhelms II. (15. 6.)

1890
Entlassung Bismarcks als Reichskanzler und preußischer Ministerpräsident (20. 3.)

Rückzug nach Friedrichsruh

1894
Tod Johanna von Bismarcks (27. 11.)

1898
Tod Otto von Bismarcks (30. 7.)

Danksagung

Die Autoren und der Verlag danken allen Personen und Institutionen, die durch ihre freundliche Hilfe zur Entstehung dieses Buches beigetragen haben.

Schreibweise und Zeichensetzung

der Quellen wurden unverändert beibehalten.

Bildnachweis

Umschlagvorderseite
Otto von Bismarck. Gemälde von Franz von Lenbach (1885/Ausschnitt). Friedrichsruh, Schloß

Umschlagrückseite
Kaiser Wilhelm und sein Kanzler. Aquarell von Konrad Siemenroth (1887). Potsdam, Staatliche Schlösser und Gärten Potsdam-Sanssouci

Vor- und Nachsatz
»General Charte von Teutschland nach den besten Quellen bearbeitet und den neuesten politischen Veraenderungen begrenzt von C. F. Weiland«, Weimar 1815, und »Deutsches Reich«, Ende 19. Jahrhundert.
Beide Karten: Berlin, Staatsbibliothek Preußischer Kulturbesitz, Kartenabteilung

Schutzumschlagentwurf: Friedrich Förder, Bergisch Gladbach, unter Verwendung zweier Fotos von Jürgens Ost + Europa-Photo, Köln
Layout: Friedrich Förder, Bergisch Gladbach
Reproduktion der Farb- und Schwarzweiß-Abbildungen: Auer Reprotechnik GmbH & Co KG, Krefeld
Satz: Fotosatz Böhm GmbH, Köln
Druck und Einband: Appl, Wemding

Printed in West Germany
ISBN 3-7857-0569-7

DIE NORDSEE
DIE OSTSEE
General Charte
von
TEUTSCHLAND
nach den besten Quellen bearbeitet
und den neuesten politischen Veraenderungen
begraenzt
von
C.F. WEILAND.
Weimar,
im Verlage des Geograph Instituts
1815.
DAS ADRIATISCHE MEER